KB054159

옵티미스트

행복한 선물
옵티미스트

채정호 지음

매일경제신문사

프롤로그
Prologue

세 명의 친구들이 오랜만에 산행을 한다. 즐거운 시간을 보낸 후 밤이 늦어 산장을 찾은 그들은 방에 들어서자마자 깜짝 놀란다. 방이 너저분한 쓰레기로 가득 차 있었기 때문이다.

먼저 한 명이 투덜거린다. "난 이런 더러운 곳에서는 1분도 못 있어." 그러자 다른 친구는 "뭐 이런 곳에서 하룻밤 지내보는 것도 좋은 경험일거야, 누군가 다 치워주겠지" 하며 별다른 스트레스 없이 한쪽 자리에서 조용히 책을 펴든다. 마지막 친구는 당장 빗자루와 걸레부터 가져온다. 그리곤 방을 말끔히 청소한 후, "한결 나아졌네?" 하며 깨끗한 방에서 즐겁게 맥주 한 캔을 들이킨다.

이들을 차례로 비관주의자, 긍정주의자 그리고 옵티미스트라고 칭해보자. 물론 마지막 친구의 유형은 바로 우리가 되고 싶어하는 사람, 옵티미스트이다.

옵티미스트의 영어 표기는 Optimist이다. 사전에는 '낙천가, 태평인 사람, 긍정주의자'라고 나와 있다. 그리고 옵티미스트의 어원을 이용해서 만든 동사 Optimize는 '최적화하다'라는 뜻을 갖고 있다.

따라서 옵티미스트는 단순한 긍정주의자 그 이상의 의미를 가진다. 바로 행동이 동반된 진정한 긍정주의자를 일컫는 단어로 '나'와 '나를 둘러싼 환경'을 최적의 상태로 유지하고자 적극적으로 노력하는 사람을 의미한다.

우리와 우리를 둘러싼 환경은 인류가 몇 천 년에 걸쳐 겪어왔던 변화보다 더욱 급속하게 변화하고 있다. 하지만 불과 몇 년 전만 해도 우리네 삶은 다음날 끼니를 걱정해야 할 만큼 무척 가난했고 지독히도 힘겨웠다.

예전에 학교에서는 '가정환경조사'로 한 학기를 시작하곤 했다. "자, 모두 눈을 감고 손을 들어라. 라디오 있는 사람, 텔레비전 있는 사람, 냉장고 있는 사람!" 텔레비전부터는 씩씩하게 손을 들던 친구들도 냉장고, 전축에 이르면 묵묵부답, 거기에 자가용이 나오면 지금의 재벌이 부럽지 않을 수준이었다. 노트북이나 핸드폰 등은 존재하지도 않던 단어였다.

그랬던 우리나라가 지금은 세계 9위의 경제력을 가진 나라가 되었다. 한 투자 회사는 2050년엔 우리나라의 국민 소득이 세계 2위가 될지도 모른다는 예측까지 내놓았다.

지금 난 자가용을 잠깐 세워두고 노트북으로 이 글을 쓰고 있고, 주머니에선 핸드폰이 울려대고 있다. 꿈으로만 그칠 것 같았던 일들이 이제는 누구나 할 수 있는 일이 되어버렸다.

그러면 우리는 그만큼 더 행복해졌을까? 안타깝게도 인류 역사의 진보된 문명이 우리에게 행복으로 가는 티켓을 끊어준 적은 단한 번도 없었다. 나라가 부강해지고 사회가 발전하고 경제적으로는 풍족해졌으나 그와 반대로 자신의 삶에 대해서 만족하고 행복해 하는 사람은 줄어들고 있다는 것은 참 아이러니하다.

무엇을 해야 안정되고 만족한 인생을 살 수 있을지에 대해 고민하는 사람들이 늘고 있다. 좋은 직장과 높은 연봉이면 행복한 인생을 살 수 있을까. 한 조사에 의하면 스트레스 없는 직장인은 불과 5%에 불과하다고 한다. 남들이 볼 때 남부럽지 않은 삶을 살던 유명인의 자살 소식을 들을 때마다 진정으로 행복한 사람들이 있기나 할까 싶은 의구심마저 든다.

이 책은 우리에게 쉴 새 없이 다가오는 위기를 기회로 활용하고, 삶의 원칙과 본질을 회복해 행복에 이를 수 있는 방법을 담은 책이다. '옵티미스트'라는 다소 생소한 개념을 소개하고 있지만 진정한 자신의 가치를 발견하고 찾을 수 있도록 도와줄 안내서임을 자부하고 싶다.

자, 이제 옵티미스트가 되어 보자.

채정호

| 차 례 |

프롤로그 004

PART 1 행복하세요?

1장. 지친 나의 하루 013

2장. 왜 한낱 스트레스 따위에 혼들리는가 035

3장. 문제 해결의 길 040

4장. 행동하는 진정한 긍정주의자 옵티미스트 057

5장. 무엇이 옵티미스트를 만드는가 061

6장. 변화의 출발은 바로 당신 083

7장. 새로운 결심 093

8장. 유명한 옵티미스트들 098

PART 2 행복의 길을 찾고 싶으세요?

1장. 옵티마 1 생각을 잡자 113

2장. 옵티마 2 마음을 잡자 124

3장. 옵티마 3 행동을 잡자 154

4장. 옵티마 4 감사하자 179

5장. 옵티마 5 조금씩, 좀 더 나아지자 186

6장. 옵티마 6 섬기자 197

7장. 옵티마 7 나의 가치를 알자 201

8장. 옵티마 8 지금 이 순간의 삶을 깨닫자 205

9장. 옵티마 9 사랑을 확인하자 213

10장. 최종 목적 내가 가야 할 길 225

에필로그 236

Optimist

지친 나의 하루

나는 대한민국의 평범한 가장이다.

접히는 뱃살만큼 나이도 먹었고, 잔소리꾼 아내가 있고, 적당히 공부하는 아이도 있다.

지난 세월, 나름대로 열심히 살아왔다. 좋은 대학에 가기 위해 수없이 많은 밤을 새었고, 군대도 다녀왔고, 적당한 성적으로 그렇고 그런 대학도 졸업했다.

몇 군데 원서를 쓰고 몇 번이나 낙방하고 나서야 지금의 직장에 뿌리를 내렸다. 직장에 다닌 시간만큼 진급도 했고 성질 더러운 상사들과도 그럭저럭 잘 지내는 편이다.

언제나 부족하게만 느껴지는 월급에 목을 매고, 언제나 좁게만 느껴지는 그런 집에 살고 있다.

지금은 잘 기억나지 않지만 아련히 먼 옛날엔 꿈이 많았던 것 같다. 어떤 날엔 과학자가 되고 싶다가도 우수에 젖는 날이면 시인이 되고 싶기도 했다. 판사나 의사, 신문기자, 경찰과 같은 꽤 현실적인 꿈을 꾸기도 했다. 바보스러울지는 몰라도 분명 어떤 모습으로 살아야겠다는 바람이 있었던 것만은 확실하다.

하지만 지금은 막연했던 꿈조차 잃어버린 것 같다. 적어도 지금의 내 모습을 바라며 살아왔던 건 아니었는데…. 내가 꿈꾸던 나의 모습은 어디로 사라져 버린 것일까.

아침이면 풀리지 않은 피로를 안고 일어나 눈도 제대로 뜨지 못한 채 허겁지겁 회사로 향한다. 하루 종일 전화기와 서류더미, 이런저런 회의에 끌려 다니다보면 어느새 하루가 저물어간다. 퇴근 후엔 술자리나 노래방에서 고래고래 소리를 지르다가 비틀비틀 집으로 들어와 아내의 잔소리를 자장가 삼아 잠에 빠진다.

주말이면 아이 등쌀에 놀이동산이나 근교로 가는 꽉 막힌 길 위에서 하루를 보낸다. 아내에게 불평이나 좀 하다가 적당한 식당에서 간신히 아빠 체면을 세우고 집으로 돌아오면 다시 월요일 아침. 그렇게 또 한 주가 시작된다. 아무것도 달라질 게 없는 삶. 내가 왜 이렇게 사는지 나 자신에게 물어보는 것조차 잊어버리고 살아간다.

화장실에 서서 오랜만에 거울을 들여다본다. 이 사람은 누구일까. 숱이 반쯤 줄어든 머리, 볼록 튀어나온 배, 잔뜩 움츠러든 어깨 때문인지 키마저 줄어든 것 같은 모습이다. 빛을 잃은 눈동자는 무엇을 보고 있는지 알 수 없다. 지나치며 나를 바라보던 직원들의 서늘한 눈빛이 떠오른다.

넉넉하진 않지만 돈도 모았다. 저축을 많이 하지는 못했지만 길도 나지 않았던 아파트에서 살다가 길도 나고 상가도 생겨 집값이 오르면 또 다른 길이 나지 않은 아파트를 사서 가는 아내의 재테크 능력 덕분에 내 집도 마련할 수 있었다.

처음 내 집을 장만했을 때는 너무나 좋았다. 잠이 오지 않을 지경이었다. 눈물이 그렁그렁한 아내의 손을 잡고 결혼 후 12년 만에 내 집을 마련했다는 사실에 서로 감동하기도 했다. 이러다 죽지 싶을 정도로 열심히 달려왔던 인생이 이제야 꽃을 피우는 것 같았다.

하지만 그런 기쁨도 그리 오래 가지는 못했다. 아이가 커가면서 조금 더 넓은 집으로 이사를 해야 할 것 같았고, 아이를 좋은 학교에 보내기 위해서는 더 좋은 동네로 가야 할 것 같았다. 하지만 지금 가진 집을 팔아도 가고 싶은 동네의 전세금조차 마련하기 힘든 게 현실이다.

언제나 조금 더 노력해야 할 것 같았다. 시간 관리도 더 철저히 해야 했고, 직장에서도 더 큰 성과를 내야 했다. 좋은 아빠가 되고 싶었고, 더 좋은 남편이 되고 싶었다. 그리고 무엇보다 조금이라도 더 돈을 벌 수 있다면 좋겠다는 생각이 들었다.

언제부턴가 나는 자꾸 퇴보하는 것 같았고, 치고 올라오는 후배들에게 실력으로도 밀리는 것 같았다. 기죽지 않으려고 모자라는 잠을 줄여 새벽에 영어 학원도 다녀봤다. 영어를 잘 하면 외국과 거래가 많아지는 직장에서 도움이 될 거라는 생각에 졸린 눈을 부비고 나섰지만 강의 중에는 꾸벅꾸벅 졸 때가 많았고, 한참 어린 동급생들보다도 훨씬 처지는 영어 실력은 조금도 늘지 않았다.

무엇보다 중요한 것은 체력이라는 생각에 학원을 그만두고 헬스클럽에 다니기 시작했다. 며칠 땀을 쏟아내고 나니 전보다 훨씬 개운한 기분에 왜 진작 다니지 않았을까 후회가 될 정도였다. 하지만 비가 와서 빠지고, 출장 때문에 빠지고, 전날 술을 너무 많이 마셔서 빠지고, 아침에 일찍 잡힌 회의 때문에 빠지다보니 이제는 간 날보다 안 간 날이 더 많다.

직장에서는 좋은 상사가 되고 싶어서, 인생에서는 승리하고 싶어서 시간 관리 플래너까지 고용해 근사한 목표도 세워봤다. 리더십이나 인생 경영에 관한 유명하다는 책은 모두 사서 읽어

보기도 했다.

그러나 인생은 별로 달라지지 않았다.

여전히 피곤하고, 지치고, 재미없고, 힘들었다.

요즘 들어선 몸까지 급격히 약해지는 것 같다. 원래 좀 피곤하기는 했지만 이제는 아침에 일어나는 일이 너무 힘들고 술을 조금만 마셔도 다음 날은 하루 종일 파김치처럼 축 늘어져 지낸다. 병원에 가서 피검사도 하고, 초음파 검사도 받았는데 특별한 이상은 없단다. 그런데도 몸은 영 말이 아니다.

공부도 적당히 하고 크게 말썽도 부리지 않던 아이가 이제 사춘기에 접어들었는지 자꾸 짜증을 내더니 이제는 말도 거의 하지 않는다. 그동안 워낙 집에 늦게 들어가다보니 자주 얼굴을 마주할 기회가 적기도 했지만 요즈음은 아예 얼굴도 마주치지 않으려고 한다. 성적이 좀 떨어지는 것 같아 야단을 쳤더니 고개를 푹 숙인채 아무 말도 하지 않는다. TV를 너무 보는 것 같아서 잔소리를 좀 하니 자기 방에 들어가서 문을 잠가 버린다.

아내와도 사이가 좋지 않다. 워낙 무던한 성격이라 크게 잔소리를 하지 않아서 늘 고마워하고 있었다. 하지만 다른 남자들이 그렇듯 별다른 표현을 하지는 못했다. 아내에게 고맙다는 말을 해본 게 언제였는지, 아니 아내의 손이라도 잡아준 게 언제였는지 기억이 잘 나지 않는다. 요즘 부쩍 바빠지면서 주말에도 파견에 출장에 집에 있는 날이 거의 없었다. 어쩌다 쉬는 날에는 하루 종일 낮잠을 자거나 텔레비전만 보다 보니 이야기할 시간도 많이 줄어들었다.

세상에는 왜 이리도 잘난 놈들이 많은지, 얼굴도 모르는 옆집 남자가 나보다 돈도 잘 벌고 자상하다는 소리가 듣기 싫어서 괜히 아내에게 소리를 질렀더니 아내의 얼굴이 점점 어두워진다. 한숨을 쉬는 아내를 바라보는 내 자신도 초라해진다. 아내에게 했던 모든 약속들이 아내의 둥글게 말린 등에 겹쳐지며 마음 한 곳을 깊게 파고든다.

아무래도 산다는 것은⋯ 너무 힘들고 지치는 일인가 보다.

'옵티'와의 만남

올해 들어 회사에서 복지 차원으로 시행하고 있는 사원 지원 프로그램 중에 '옵티'라는 것이 화제가 되고 있다. '빈티, 부티는 들어봤어도 옵티는 뭐지?'라고 궁금해 하면서도 그동안 회사에서 실시해왔던 '스트레스 관리', '시간 관리', '성공하는 리더', '리더십' 등의 프로그램 같은 것이겠거니라고만 생각했다.

사실 몇 년 전까지만 해도 나 역시 이런 프로그램들을 열심히 쫓아다녔다. 실제로 강의를 들을 때는 꽤나 그럴 듯했고, 그 내용을 따라 해보기도 했지만 언제나 작심삼일이었다. 최근에는 워낙 지치고 피곤해서 강의를 듣는 일조차 엄두를 내지 못했다.

하지만 이번 '옵티'는 그동안의 여느 프로그램과는 다르다는 소문이 사내에 퍼지고 있다. 김 부장은 아예 사람이 달라졌다고 하고, 박 상무는 너무 감동을 받아서인지 만나는 사람들마다 '옵티'를 들어야 한다고 설교한다. 솔직히 별로 기대를 하지는 않았지만, 무언가 수렁에 빠져 있는 것 같은 내 삶에 변화를 줄 수 있을지도 모른다는 생각에 '옵티' 프로그램을 신청했다.

그리고 오늘, 나는 드디어 '옵티'를 만나러 간다.

괜찮다는 소문 때문인지 강당에는 빈자리가 없었다. 혹시 하는 기대감을 갖고 구석 자리에 몸을 기대었다. 별 재미가 없으면 잠이나 자야겠다고 생각하면서.

강연은 이미 시작된지 몇 분이 지난 듯하다. 강사의 목소리가 큰 강의실을 쩌렁쩌렁하게 울리고 있다.

에드 디에너(Ed Diener)라는 사람이 '행복 지수'라는 것을 만든 적이 있습니다. 자신의 인생에 어느 정도로 만족하고 있는지 알아보는 지수인데요, 여러분도 지금 측정해 보십시오.

－ 실제 내 인생은 꿈꾸던 인생과 비슷하다.

－ 내 인생의 조건들은 훌륭하다.

－ 나는 내 삶에 만족한다.

－ 이제까지 나는 내 삶에서 원하던 것들을 얻어 왔다.

－ 다시 한번 내 인생을 산다고 해도 바꿀 것은 별로 없다.

5가지 항목에 대해 각각 다음 기준에 따라 점수를 매겨 보십시오.

1 = 매우 그렇지 않다.

2 = 그렇지 않다.

3 = 약간 그렇지 않다.

4 = 그저 그렇다.

5 = 약간 그렇다.

6 = 그렇다.

7 = 매우 그렇다.

모든 항목에서 만점을 얻으면 35점, 모든 항목에 매우 그렇지 않다고 대답하면 5점이 될 것입니다. 사람마다 5점에서 35점 사이의 점수를 받게 되는 것입니다. 여러분은 몇 점이십니까?

여기서 완벽하게 모든 것이 만점인 사람, 즉 35점인 사람은 이 강연을 들을 필요가 없습니다. 이 강연은 그렇지 못한 분들, 즉 아직 행복하다고 느끼지 못하시는 분들을 위한 것입니다. 이 강연은 바로 행복을 찾아가는 로드맵이라고 할 수 있습니다.

나는 몇 점이지. 귀찮게 왜 이런 걸 시키는 걸까. 이렇게 점수를 주는 것 따위로 무얼 알 수 있다는 건지. 에이, 모르겠다. 하여간 만점이 아닌 것만은 분명하니까….

최근에 글로벌 리서치가 조사한 연령대별 행복지수를 보면 나이가 들면서 점차 행복하다고 느끼는 사람이 줄어든다고 합니다. 삶의 초반에는 희망과 도전 정신이 넘치던 사람들도 세상을 살다 보면 점점 행복과 멀어진다는 것입니다.

당연한 일이지. 그런 게 인생이겠지. 다들 그렇게 살고 있는데 뭐.

흔히 어른이 되는 과정을 어린 시절의 환상이 깨지는 과정이라고 합니다. 그렇게 우리는 적당히 현실과 타협하며 세상을 살아왔습니다. 때로는 좌절하기도 하고 때로는 인정할 수 없는 실패에 울분을 토하기도 합니다. 그럴 때마다 누군가 다가와 이렇게 얘기합니다. 인생이란 원래 그런 것이라고.

하지만 정말 인생이란 그런 것일까요? 좌절하고 실패해도 원래 그런 거니까 그러려니 하고 살아갈 수밖에 없는 것일까요?

좋습니다. 인생이란 원래 그런 것이라고, 인간의 힘으로는 어찌할 수 없는 운명 같은 게 있어서 아무리 노력해도 안 되는 일이 있다고 합시다. 그런데 만일 그것이 사실이라면 이렇게 모두 깨우쳤는데도 왜 행복하지 않은 걸까요?

포기를 하고, 상실을 하고, 성취하고자 하는 목표와 현실의 극복할 수 없는 차이가 있다는 것을 다 인정했는데도 왜 행복해지지 않는 걸까요? 아니, 적어도 마음만이라도 편해져야 하는데 그렇지 못하는 것은 왜일까요?

제가 좋아하는 말 중에 이런 것이 있습니다.

신이시여!
바꿀 수 없는 것에 대해서는
그것을 수용할 수 있는 마음의 평안을 주옵시고,
바꿀 수 있는 것에 대해서는
그것을 과감히 변화시킬 수 있는 용기를 주옵시며,
바꿀 수 있는 것과 바꿀 수 없는 것을
구분할 수 있는 지혜를 주시옵소서.
오늘 강연은 이런 평화와 용기와 지혜를 찾아가는 강연입니다.

힘찬 강사의 목소리 때문에 귀가 멍멍하다. 졸린 기운도 사라지고 내용에 약간씩 흥미가 생기는 것 같기도 한데….

지금 나를 힘들게 만드는 것

도대체 산다는 것이 왜 이렇게 쉽지 않은 걸까요? 세상을 살다 보면 여러 가지 어려운 일이 닥치게 마련이죠. 대부분의 사람들은 바로 이러한 일들로 인해 받는 스트레스 때문에 살기 힘들다고 합니다. 그래서인지 요즘 스트레스만큼 우리 입에 흔히 오르내리는 단어도 없을 겁니다.

우리는 스트레스라는 말을 쉽게 하지만 사실 스트레스라는 말 자체에는 여러 가지 의미가 담겨있습니다. 의학계에선 스트레스를 '신체나 정신의 균형이 위협받는 상태'라고 정의하며 이렇게 균형의 변화를 야기하는 원인들도 스트레스(스트레스 요인)라고 합니다. 이 때문에 나타나는 현상도 스트레스(스트레스 반응)입니다.

쉽게 말해 삶이란 스트레스의 연속인 것입니다. 우리는 스트레스를 받고 스트레스를 견디거나 처리하기도 하면서 살아가는 것입니다.

〈뉴욕타임즈〉 2004년 9월 5일자에 따르면 미국의 한 스트레스 연구소는 스트레스로 인해 소모되는 건강관리 및 스트레스 해소를 위한 비용이 매년 약 3,000억 달러에 이른다고 발표했습니다. 엄청난 돈이지요. 그러나 돈을 따질 수도 없을 만큼 엄청난 비용과 시간과 노력이 스트레스와 관련해서 쓰여지고 있다는 것은 분명한 사실입니다.

스트레스를 가져오는 환경을 '스트레스 요인'이라고 합니다. 어떻게 보면 인간의 삶은 이런 스트레스 요인과의 끝없는 투쟁의 역사라고 할 수 있습니다. 그중에서 배고픔이야말로 가장 오랫동안 사람을 괴롭혀온 스트레스가 아닐까요?

인류는 더위나 추위와 같은 물리적 스트레스를 막고 싸우기 위해서 살아왔습니다. 지나치게 일을 많이 해서 생기는 과로, 세균 감염과 같은 생리적인 스트레스들도 우리를 괴롭혀왔습니다. 그러나 21세기 초반의 우리들은 이런 스트레스들에 대해서 승리의 함성을 외쳐도 되지 않을까 생각합니다.

불과 얼마 전만 해도 여름에 에어컨이 있는 곳이 거의 없었습니다. 찬 바람을 쐬기 위해 일도 없이 은행에 가서 앉아계시지 않았나요? 이제는 초등학교 교실에도, 버스에도, 동네 음식점에도 에어컨이 빵빵하게 나옵니다.

예전에 겨울방학이 길었던 것은 도저히 난방을 공급할 수 없는 우리나라의 여건 때문이었습니다. 하지만 지금은 아무리 추워도 빌딩 안에서는 반소매 차림으로 다니는 사람들을 쉽게 볼 수 있습니다. 이처럼 우리나라를 반만 년 이상 괴롭혀온 가난으로 인한 스트레스는 이제 많이 해결되었습니다.

그러면 우리나라는 더 이상 스트레스가 없는 환경이 된 것일까요. 지지리도 가난했던 30년 전과 달리 자가용도 있고 편리한 아파트에서 사는 사람이 많아졌기 때문에 과연 더 행복하다고 할 수 있을까요.

추운 겨울에도 마당을 가로질러 가야 했던 재래식 화장실에 아늑하고 근사한 타일이 깔리고 언제라도 더운 물이 콸콸 쏟아지는 수도꼭지가 설치되면 행복해진 걸까요. 온 동네에 한 대밖에 없는 TV를 보기 위해서 전파사 앞에 웅크리고 있던 사람들이 수십 인치의 대형 PDP 화면으로 위성방송을 보고 있으면 뒤집어지게 행복해진 걸까요.

속지 마십시오. 이런 것만으로 결코 당신은 행복해질 수 없습니다. 경제적으로 여유가 생겨도 스트레스는 결코 줄지 않습니다. 30년 전보다 돈이 많아졌고, 생활환경은 윤택해졌지만, 그 시절의 사람들보다 스트레스가 줄었다고 장담할 수는 없습니다. 오히려 더 많은 스트레스가 우리를 괴롭히고 있다고 할 수 있습니다.

경제적으로 여유가 생겨도 스트레스는 하나도 줄지 않고 오히려 더 심해지기도 합니다. 물론 추위, 더위, 배고픔과 싸워야 하는 생리적, 물리적인 스트레스야 확실히 줄었지만 대인관계나 감정, 사람 간의 문제 때문에 생기는 사회 – 심리적 스트레스는 절대로 줄지 않았습니다.

어떻게 보면 예전에는 못살아도 따뜻한 사람들 때문에 '사람 사는 맛'을 느낄 수 있었습니다. 하지만 지금은 이런 사람 사는 맛이 줄어드는 바람에 오히려 스트레스만 더 심해졌습니다. 이런 스트레스가 사람들을 추위에 떨거나 배고픔에 시달리는 것보다 더 힘들게 만듭니다.

세상이 살기 편해진 것은 분명하지만, 그렇다고 세상이 살기 '좋아진' 것으로 보기는 어렵습니다. 편리하고 안락해지기는 했지만 사는 기쁨이 오히려 줄어들어 버린 것입니다.

아, 대한민국!

우리나라가 대단한 나라라는 생각, 해본 적 있나요?

'한강의 기적'이라는 경제 발전을 이루기는 했지만, 알고 보면 좁은 땅덩어리와 빈약한 자원에 잦은 사고와 정변으로 하루도 바람 잘 날이 없는 나라입니다. 1등이 아니면 아무도 기억해 주지 않으며 옆에 있는 동료를 짓밟고 올라서지 않으면 성공할 수 없는, 치열하게 경쟁하면서 살아야만 하는 나라입니다. 조금 더 좋은 학교에 가고, 조금 더 좋은 지역에서 살고, 조금 더 좋은 직장을 얻기 위해서 끊임없이 애써야 합니다.

계속되는 일, 일, 일, 변화, 변화, 변화. 지구상에서 가장 못사는 나라 중 하나에서 세계 10위권의 경제력을 지닌 나라로 30~40년 만에 바뀐 나라. 그동안에 벌어진 엄청난 변화에 적응하면서 살아온 우리는 그러한 변화에 얼마나 많은 스트레스를 받아온 것일까요?

우리나라가 이렇게 발전한 것은 우리가 열심히 살아왔다는 증거라고 할 수도 있습니다. 그런데 이렇게 열심히 살아왔는데도 불구하고 우리는 왜 행복하지 않은 걸까요? 많은 것을 이루었고 과거와는 비교할 수 없을 만큼 부를 쌓았는데…. 정말 이해하기 힘든 일입니다.

우리 아이들을 한번 돌아볼까요. 초등학생 때부터 늦은 밤까지 과외와 학원에 시달려야 하고, 밖에서 뛰어 노는 아이들은 버린 아이 취급받는 사회, 공부가 이 세상에서 제일 중요한 나라에서 사는 우리나라의 아이들은 과연 행복한지 궁금합니다.

수십조 원을 퍼부어야 하는 우리나라 안에서의 공부도 모자라 많은 아이들이 외국으로 나가고 있습니다. 2005년 우리나라 해외 유학생은 대학생 16만 명, 초·중·고생 약 1만 5,000명 정도입니다. 미국에는 10억 이상의 인구를 가진 중국, 인도를 다 제치고 우리나라 유학생이 가장 많다고 합니다. 이들을 위해 유학·어학연수비 명목으로 해외에 송금된 돈이 2조 2,000억 원에 달합니다. 공식 집계에서 빠진 편법 송금까지 감안한다면 그 규모는 5조 원가량 될 것입니다. 이 비용을 만들기 위해 뼈 빠지게 일하고 있는 아빠들의 월평균 송금액은 418만 원이라고 합니다.

과연 한 달에 이 정도 돈을 벌 수 있는 사람이 얼마나 될까요? 뻔한 수입의 대부분을 송금하고 빚을 져가면서도 힘들게 일하고, 혼자 남은 외로움에 먹을 것도 제대로 챙겨 먹지 못하는 기러기 아빠들의 고단함은 도대체 무엇을 위한 것인지 묻고 싶습니다.

이렇게 천신만고 끝에 대학을 가도, 또 외국 유학을 마쳐도, 좋은 직장에 취직하는 것, 승진하는 것, 집 한 칸을 마련하는 것, 좋은 동네에 사는 것 등등 세상을 살아 나가는 것은 결코 쉬운 일이 아닙니다. '좋은 것'을 얻기 위해서 평생 노력하는 삶을 보내고 있지만 만족스러운 삶이 보장되지 않는 나라가 우리나라입니다.

그래, 내가 요즈음 엄청 힘들기는 하지만 아이들 때문에 속 썩다가 영국으로 유학 보낸 박 부장 이야기를 들어보니 나는 아무것도 아닌 것 같아. 아들이 무슨 마약에 손을 댔다는 것 같지. 아예 이제는 아이 이야기는 하지도 않는 것 같던데. 김 이사 아이도 미국에서 대학까지 졸업했는데 결국은 직장을 얻지 못했다고 하던데. 한국에 돌아와서도 거의 백수로 지낸다지. 그 집은 그동안 번 돈을 전부 그 아이에게 바친 셈인데….

나도 걱정이기는 하다. 우리 아이도 외국으로 유학, 아니 어학연수라도 보내줘야 할 텐데. 나한테 그렇게 큰 돈이 있는 것도 아니고, 그렇다고 남들 다 가는데 우리 아이만 안 보낼 수도 없고….

학습된 무력감

유명한 심리학자 마틴 셀리그만이 주창한 '학습된 무력감'이란 이론을 들어보신 적이 있습니까?

쥐는 천성적으로 물을 좋아하지 않습니다. 쥐를 물통에 빠뜨리면 살기 위해 버둥거리며 온갖 노력을 다합니다. 하지만 몇 분 후에는 아무리 버둥거려도 소용이 없다는 사실을 깨우치고는 그저 물 위에 둥둥 떠 있게 됩니다.

다음날 이 쥐를 다시 물통에 빠뜨리면 어떻게 될까요? 이 쥐가 첫 날 10분 동안 버둥거렸다면 오늘은 8분 만에 포기하고 말 것입니다. 다음날은? 6분만 버둥거립니다. 이렇게 일주일을 계속해서 반복하면 어떻게 될까요? 그 쥐는 물에만 빠뜨리면 아예 버둥거리는 것을 포기하고 물에 들어가자마자 축 늘어져서 둥둥 떠 있게 됩니다.

이처럼 매일 반복되는 스트레스에 의해서 아무것도 할 수 없는 상태가 되어 '어쩔 수가 없구나' 라는 식으로 기운이 다 소진된 상태, 이렇게 배워서 된 무력감, 즉 '학습된 무력감' 이 매사를 포기하게 만든다는 것입니다.

이것이 바로 그 유명한 우울증의 동물 모형입니다. 요즈음 쓰고 있는 우울증 치료약인 항우울제들은 이런 것을 역전시킬 수 있도록 개발된 것입니다. 모든 것이 다 귀찮고, 내가 아무리 발 버둥쳐 봐도 소용이 없다는 무력감, 그 무력감이 반복되고 학습되면서 몸과 마음에 익숙해져버린 것이 우울증을 만든다는 이야기입니다.

아, 내가 그랬던 것 같다. 아무리 버둥거려 봐야 어쩔 수가 없다는 것이 이렇게 스스로를 힘들게 만들었던 것 같아.

내 힘으로는 어쩔 수 없는 환경이 나를 계속 덮쳐올 때 우리는 무력감에 빠지게 됩니다. 어떠한 방법도 통하지 않는다는 것 또한 깨우치게 됩니다. 물통에 빠진 쥐처럼 아무리 해도 안 된다는 무기력함을 배우게 되는 것입니다. 그러면서 많은 것을 포기해 갑니다.

공부를 좀 하려고 했으나 성적이 안 오를 때, 집 한 칸을 마련하려고 준비했지만 전세금이 그동안 저축한 것과 대출할 수 있는 한도보다 몇 갑절씩 오를 때, 밤새워 고민해서 겨우 낸 자신의 아이디어를 아무도 알아주지 않을 때, 목표를 이루기 위해 갖가지 방법을 다 써보았지만 번번이 실패할 때, 승진에서 반복해서 누락할 때, 하는 사업마다 실패를 할 때, 이런 모든 것들이 무력감으로 '학습' 되는 것입니다.

어제가 오늘 같고, 내일도 오늘 같을 것이라는 생각 속에서 아무것도 되는 것이 없다는 무력감에 시달리는 사람이 얼마나 많은지 모릅니다. 이런 무력감 속에서 우리는 스트레스에 일방적으로 당하는 제물이 되어가는 것입니다.

스트레스의 결과

이렇게 온 몸으로 스트레스를 받고 나면 그야말로 몸과 마음과 행동에 총체적인 변화가 옵니다.

우선 신체적 변화에 대해 알아보겠습니다. 통계에 따르면, 심장병의 75%가 스트레스와 관련이 있다고 합니다. 이밖에 당뇨병이나 비만, 암, 심장질환이나 고지혈증, 고혈압 같은 심혈관계 질환 등이 스트레스 관련 질환으로 잘 알려져 있습니다.

왜 영화에서 보면 꼭 중요한 순간에 암에 걸리거나 시한부 판정을 받는 일이 많지 않습니까? 너무 드라마틱하다고 생각할지도 모르지만 그것이 현실입니다. 너무 힘든 일을 겪고 나면 우리의 육체도 병들어 가는 것입니다.

이외에도 긴장성 두통, 불쾌한 표정, 턱이 뻐근하고 아픔, 어깨가 무겁고 결림, 목이 아프고 따끔거림, 말더듬, 입술이나 손 떨림, 이갈기, 사지와 근육 긴장, 근육통, 편두통, 변비, 잦은 방뇨, 손과 얼굴에 심한 땀, 침 마름, 눈 피로, 숨이 가쁘고 심장이 뻐근함, 열도 없이 몸이 떨리는 오한, 하복부 불쾌감, 소화 불량, 속 쓰림, 내 살이 남의 살 같은 감각 이상, 귀 울림, 두드러기, 빛과 소리에 대한 과민, 잦은 감기, 손과 발이 지나치게 참, 설사, 성욕 감퇴, 허리의 통증 등등 이루 다 말할 수 없는 수많은 증상들이 스트레스 때문에 생길 수 있습니다.

아주 간단하게 말해서, 어디가 불편하십니까? 그건 모두 스트레스 때문입니다.

아니, 그러면 내 몸이 계속 안 좋은 게 결국은 스트레스 때문이란 말인가?

다음으로 정신적인 결과에 대해 알아보겠습니다. 스트레스가 반복되면 우울증이나 불안감에 빠지기 쉽습니다. 영어로 스트레스는 Stress, 불안은 Anxiety, 우울은 Depression 입니다. 이 세 단어의 머리글자를 따면 SAD, 즉 슬픔입니다. 그야말로 스트레스가 불안과 우울을 거쳐서 슬픈 인생을 만드는 것입니다.

무력감에도 자주 빠지게 됩니다. 뿐만 아니라 죄책감이나 변덕, 식욕과 집중력 감퇴, 사소한 일에도 울화가 치민다거나 과민한 대응을 하게 되고 대인관계에 공포감을 느끼거나 좌절을 쉽게 경험하게 됩니다. 심하게는 고독감과 자살 충동 등으로 이어지는 무서운 결과를 초래하기도 합니다.

이외에도 식욕의 급격한 변화, 조급증, 집중력 감퇴, 문제에 대한 두려움, 공포, 기억력 퇴보, 정신 산만, 혼란, 새로운 정보의 습득 곤란, 의사 결정 곤란, 악몽, 죽음에 대한 공포, 툭하면 울게 되는 것 같은 마음이 편치 않을 때 나타나는 모든 증상들이 스트레스 때문이라고 할 수 있습니다.

그렇구나, 내가 힘들었던 것들이 스트레스 때문에 생긴 정신
적인 문제였구나.

스트레스는 또한 행동에도 문제를 일으킵니다. 단순히 신체적
인 문제, 정신적인 문제로 끝나지 않습니다. 많은 사람들이 음주
나 흡연, 혹은 약물이나 도박, 오락 같은 게임에 탐닉하면서 스트
레스를 푸는 경우가 많습니다. 하지만 이런 행동은 모두 강한 중
독성을 갖고 있으므로 결국은 헤어나올 수 없는 또 다른 형태의
스트레스에 빠지게 될 뿐입니다.

이외에도 옷차림에 대한 무관심, 유별난 행동, 지나치게 심각
한 생각에 빠져 구석에 쳐짐, 사소한 일에 흥분, 작은 실수의 증가,
지나친 완벽주의, 손가락 장난, 휴지 찢기, 성냥개비 부러뜨리기,
작은 일에 과민반응, 변명, 의심, 의사소통 장애, 사교적 장소에 가
기를 꺼림, 수면장애, 과소비, 피로, 체중 감소와 같은 행동상의 문
제들도 모두 스트레스의 결과입니다.

아니, 그렇게 따지면 세상의 모든 문제가 다 스트레스 때문
이라는 거 아냐?

이렇게 개인의 스트레스로 인해 문제가 생기면 그런 개인들이
모여서 만드는 회사는 어떻게 될까요? 반복되는 스트레스로 인해
업무효율이 저하되고, 이로 인해 일이 지연되는가 하면 잦은 실수

와 잘못된 결정으로 생산성 저하를 초래하게 됩니다.

뿐만 아니라 이직률 증가로 인한 채용비용과 인사관리 비용의 증가가 가속화되고, 사고나 재해가 늘어나고 직원들의 사기나 근무 의욕은 저하됩니다. 결국 기업 이미지 실추로 이어지게 되어 기업의 상황은 점점 더 나빠지게 됩니다.

또 이렇게 스트레스에 젖은 사람들이 모인 사회는 어떨까요? 스트레스로 뭉친 사람들끼리 모이다 보니 자주 싸우고, 투쟁하고, 부딪치면서 살아가게 됩니다. 우리나라는 안 그래도 우리나라는 스트레스가 많은 나라인데 이렇게 스트레스에 절은 사람들끼리 서로 부딪치다 보니 요즘같이 많은 문제가 생기는 게 아닐까요.

그래, 좋다 좋아, 다 스트레스 때문이라고 하자. 하지만 정말 스트레스라는 게 그렇게 대단한 거란 말이야? 모든 사람들이 다 스트레스 때문에 불행해 하는 거라고?

2장 |

왜 한낱 스트레스 따위에 흔들리는가

많은 분들이 그까짓 스트레스야 이겨내면 되는 것 아닌가 하고 생각합니다. 아무리 스트레스가 세상을 덮고 있다고 해도 나는 살아남을 수 있다고 믿는 사람들이 많습니다. 그러나 스트레스는 그렇게 녹록한 놈이 아닙니다. 스트레스를 잘 이겨낼 수 있다고 아무리 외쳐 보십시오. 외치는 그 순간에도 스트레스는 우리를 끊임없이 잠식할 것입니다.

스트레스는 그 자체가 몸과 마음에 아주 큰 영향을 미칩니다. 스트레스가 정신과 신체에 영향을 준다고 생각은 하고 있지만 다음 그림처럼 확실한 증거를 보여주는 예도 드뭅니다. 이 그림은 한 지역에서 어떤 날에 몇 명이 죽었는가를 보여주는 '사망 그래프'입니다.

예를 들어 1990년 1월 중순에는 어느 지역에서 약 90명이 죽었고, 1990년 12월에는 그 지역에서 약 80명이 죽었다는 그런 내용

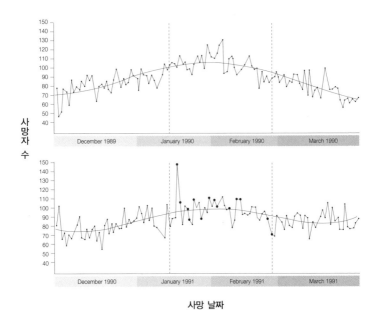

사
망
자
수

사망 날짜

입니다. 대개 차이가 있기는 하지만 그 지역에서 죽은 사람들 수
는 거의 일정합니다. 위 아래로 약간의 진폭이 있는 정도일 뿐입
니다. 그런데 1991년 1월 중순이 조금 지나서는 사망자 수가 두 배
이상 늘어난 것을 확인할 수 있습니다. 도대체 무슨 일이 일어난
것일까요?

1991년, 현 미국대통령의 아버지인 부시대통령이 제1차 이라크
전쟁을 할 때의 일입니다. 사담 후세인이 쿠웨이트를 침략하자 미
국은 쿠웨이트를 해방시키라고 하면서 이라크를 공격했습니다.
이라크가 좀 버틸 것 같더니 전쟁 개시 일주일도 안 되어 풍비박

산 나 버리고 싱겁게 미국이 승리를 거두었습니다. 그때 파죽지세로 올라오는 미군의 공세를 보고 있던 이라크는 죽기 전에 꽥 소리라도 질러보자는 마음으로 총 반격을 하겠다고 다짐했습니다. 물론 마음이야 미국 본토를 향해서 공격하고 싶었겠지만 미국까지 날아가는 대륙간 탄도 미사일이 없는 상황에서는 불가능한 일이었기 때문에 스커드 미사일로 이스라엘의 한 지역을 공격하기로 결정하고 그 내용을 전 세계에 방송했습니다.

앞의 사망 그래프가 바로 그 미사일 목표 지역의 사망 그래프입니다. 그렇다면 미사일 공격 때문에 엄청나게 많은 사상자가 나온 것일까요?

드디어 스커드 미사일이 발사되었습니다. 그러나 이라크 쪽 시각에서는 안타깝게도 '닦고 조이고 기름치고'를 하지 않아서인지, 목표 지역에는 단 한 방의 미사일도 명중하지 않았고 전혀 관계없는 수십 킬로미터나 떨어진 곳에 떨어지고 말았습니다. 즉, 미사일 때문에 죽은 사람은 한 명도 없었다는 것입니다.

그런데 왜 평소보다 두 배나 넘는 사람들이 죽었을까요? 그 이유는 순전히 '쫄아서' 죽은 것입니다. 미사일이 날아올 것이라는 소식만 듣고 겁이 나서 죽은 것입니다. 오늘 미사일이 떨어지면 어떡하지, 우리 아이들은, 우리 식구들은, 그동안 모아둔 재산은, 주식이랑 부동산은, 어디로 피해야 하지 하는 등의 걱정과 스트레스가 결국은 평소보다 많은 사람들을 죽음에 이르게 만든 것입니다.

사실 스트레스를 받으면 죽을 수도 있다는 것은 잘 알려진 사실입니다. 냉동고에 갇힌 사람의 이야기를 아시나요. 실수로 냉동 컨테이너에 갇힌 사람이 '내 몸이 점점 얼어붙는다'라고 글을 냉동고 벽에 써놓고는 죽어버렸다는 이야기입니다.

그런데 알고 봤더니 그 냉동고는 전원이 들어오지 않아서 얼어 죽기는커녕 아주 쾌적한 온도였고, 먹을 것도 충분하고 산소도 충분히 공급되어서 여유롭게 생각했으면 하룻밤, 아니 며칠 동안이나 아무 문제없이 버틸 수 있었다는 이야기입니다.

이런 이야기들은 많지만 과학적으로 이렇게까지 '쫄면 죽는다'라는 것이 확실하게 밝혀진 사건은 그리 많지 않습니다.

여러분은 스트레스를 잘 버티고 계신 것 같습니까? 그러나 스트레스는 이렇게 사람을 죽일 수도 있다는 것을 잊지 마셔야 합니다. 괜찮은 것 같아도 나의 몸은 나도 모르게 스트레스를 받게 됩니다.

스트레스를 받는 지각(정신)이 뇌를 변화시키고(신경) 이것이 호르몬(내분비)을 변화시켜서 신체가 저항하는 힘(면역계)에 나쁜 영향을 미칩니다. 심하면 죽을 수도 있습니다. 이렇게 정신-신경-내분비-면역계는 한 줄로 연결되어 있고 힘든 스트레스는 이 모든 부분에 악영향을 끼쳐서 이런 저런 문제들이 발생하게 되는 것입니다.

허, 재미있는 이야기네. 스트레스를 받아서 몸이 망가질 수도 있다는 거 아니야. 요즈음 영 컨디션이 좋지 않은 게 이해가 가네. 나도 그렇게 많은 스트레스를 받고 있었던 건가? 내가 깨닫지 못하는 사이에 내 몸이 죽어가고 있던 건 아니었을까?

3장

문제 해결의 길

그러면 도대체 어떻게 해야 할까요? 그냥 이렇게 스트레스에 당하고만 있어야 하는 걸까요?

그럴 수는 없습니다. 그래서 이 강연이 있는 것입니다. 어떻게 하면 스트레스 홍수 속에서 살아남을 수 있느냐 하는 것을 배워야 합니다. 문제가 있는 것 자체는 문제가 아닙니다. 다만 그 문제를 차근차근 풀어나갈 수 있는가 하는 것이 문제입니다.

스트레스는 결국 균형의 문제입니다. 스트레스를 주는 원인이 별로 없다면 스트레스 관리에 애쓰지 않으셔도 됩니다. 그러나 스트레스를 주는 원인이 많다면 끊임없이 스트레스를 관리해야 합니다.

스트레스를 풀어준다는 여러 가지 방법들이 소개되고 있습니다. 요가, 필라테스, 스파, 아로마, 명상 등의 다양한 방법들이 다 효과가 있다고 합니다. 아마 여러분들도 한두 가지쯤은 해보셨을 것입니다. 어떤 방법이든지 스트레스 관리에 도움이 될 수 있습니다. 그러나 얼마 전에 운동하다가 갑작스럽게 사망해버린 유명 개그맨처럼 지나치게 자신을 몰아가는 것은 오히려 몸에 더 안 좋은 영향을 미칠 수 있습니다.

또한 몸에 대한 스트레스 해소법만으로는 근본적인 치료를 할 수 없습니다. 근본적인 치료를 위해서는 스트레스가 많은 사람을 '스트레스에 대한 강골'로 만들어야 합니다.

앞에서 말한 이라크 미사일 사건을 떠올려 보십시오. 같은 지역에 같은 날 미사일이 떨어진다고 했지만 죽은 사람도 있고 그렇지 않은 사람도 있습니다. 왜 어떤 사람은 '쫄아서' 죽기까지 하고, 어떤 사람들은 멀쩡히 잘 살아남을 수 있을까요?

여기서 우리는 스트레스보다 그 스트레스를 조절하는 '사람'이 더 중요하다는 것을 알 수 있습니다. 맷집이 센 사람도 있고 약한 사람도 있듯이 스트레스에 센 사람도 있고, 약한 사람도 분명히 있습니다. '스트레스 관리'라는 것은 바로 자신의 약한 면을 강하게 해주고, 또 강한 부분은 더욱 강하게 만들어주는 것입니다.

흔히 이야기하는 것처럼 스트레스를 해소한다든지, 푼다든지, 없앤다든지 하는 것은 불가능한 일입니다. 스트레스가 없는 것은 죽은 것과 같습니다. 살아있는 모든 것은 스트레스를 받을 수밖에 없습니다. 다만 스트레스에 강하여 잘 견디는 것과 약해서 잘 못 견디는 차이가 있을 뿐입니다.

스트레스가 하나도 없는 환경에서 인간은 오히려 나약해집니다. 미처 모르고 지내지만 지금 이 순간에도 우리는 지구상의 엄청난 공기의 무게를 견디고 삽니다. 바로 기압이지요. 만약에 우주여행을 하게 되어 무중력 상태인 우주공간에서 지내게 되면 기압이 없기 때문에, 즉 스트레스가 없어지기 때문에 오히려 뼈가 약해집니다.

그러므로 스트레스가 없다고 해서 좋은 것만은 아닙니다. 그냥 걸어 다니는 것만도 스트레스입니다. 다리뼈가 부러져서 깁스를 오랫동안 하고 있으면 걷는 것에 대한 스트레스가 없어지기 때문에 다리 근육이 약해지고 가늘어집니다. 피한다고 해결되는 것이 아닙니다. 스트레스가 없으면 그것도 엄청난 스트레스가 됩니다.

어떻게 하면 스트레스에 잘 견딜 수 있을까요?

운동을 잘하는 사람이 있는가 하면 운동신경이 부족해 마음처럼 몸이 움직여 주지 않는 사람도 있습니다. 노래를 잘하는 사람도 있고 음치도 있습니다. 그림을 잘 그리는 사람도 있고 그렇지 못한 사람도 있습니다. 이처럼 스트레스에 대해서도 어떤 사람은 생태적으로 잘 견디는 사람이 있고 아닌 사람도 있습니다. 심지어는 유전적으로 스트레스에 강한 사람과 그렇지 못한 사람이 있다고도 합니다. 까짓 노래 좀 못하면 어떻습니까? 노래방 갈 때 잠시 불편한 것뿐입니다. 그림을 못 그려도 사는 데는 큰 문제가 없습니다.

그러나 스트레스는 좀 다릅니다. 스트레스에 약하면 평생 괴롭습니다. 따라서 비록 스트레스에 약한 체질이라도 스트레스에 견딜 수 있는 방법을 배워야 합니다. 비록 음악과 미술에 재능이 없는 사람일지라도 훈련을 열심히 받으면 어느 정도는 달라지는 것처럼 말입니다.

유난히 스트레스에 약한 사람들이 있습니다. 예를 들어 보겠습니다.

비관하는 사람

부정적인 생각을 많이 하는 비관주의자들은 스트레스에 아주 약합니다. 어떠한 일이 벌어져도 상황을 가장 안 좋은 쪽, 가장 부정적인 쪽으로 생각하기 때문입니다. 식당에서 음식이 맛있으면 분위기가 안 좋다고 생각하고, 디저트가 훌륭하면 이래서 값이 비싸다고 생각하는 사람입니다.

겉으로 보아서는 차분하고 생각이 많은 스타일처럼 보일 수도 있지만 어떤 일이든지 나쁘게 평가하는 것이 몸에 배어있습니다. 자신에 대해서도, 남에 대해서도 안 좋게 평가하므로 늘 자신도 불행하고 같이 있는 사람도 불행하게 만드는 유형입니다. 또 항상 부정적으로 생각하고 부정적인 행동을 하므로 큰 성취를 이루기도 어렵습니다. 따라서 항상 스트레스를 많이 받고 건강도 좋지 못합니다.

이런 부정적인 생각은 편하지 않은 상태를 만듭니다. 병(Disease)은 편하지(Ease) 않은(Dis) 상황에서 나타나는 것입니다. 부정적인 생각 속에 살기 때문에 공포, 불안, 자기혐오, 수치심, 분노 등과 같은 부정적인 감정에 휩싸여 사는 수가 많습니다. 감정적인 문제가 아니더라도 부정적인 생각 때문에 신체적으로도 불편한 것이 많습니다.

> 그래 내 성격이 좀 부정적이지. 회사에서도 항상 '왜 그렇게 부정적이냐?'라는 이야기를 많이 들었어. 그래도 나는 그게 감정적이지 않고 매사를 정확하게 판단할 수 있는 장점이라고 생각했는데….

우리나라 사람들은 비관적인 성향이 강합니다. 하지만 원래부터 비관적이었던 것 같지는 않습니다. 옛날 기록을 보면 음주, 가무를 즐거하고 신명나게 잘 논다는 내용들이 많이 있습니다. 그러나 반만 년 역사를 이어오면서 이런 성향이 많이 쇠퇴한 것 같습니다. 물론 아직 그런 문화가 남아있어 신바람이 한번 불어오면 걷잡을 수 없게 불기도 합니다. 2002년 월드컵 때가 대표적인 한판 신바람이었지요.

많은 사람들이 한국의 미래를 어둡게 봅니다. 자원이 부족해서 안 돼. 민족 근성이 나빠서 안 돼. 교육열이 너무 심해서 안 돼. 땅이 좁아서 안 돼. 민주화가 부족해서 안 돼. 매판 자본 때문에 안 돼. 미국 때문에 안 돼. 북한 때문에 안 돼. 부동산 때문에 안 돼. 모든 게 안 되는 것 투성입니다.

물론 우리나라에는 문제가 많습니다. 구조적인 문제도 있고, 근본적인 문제도 있습니다. 그러나 이 세상 어디에도 문제가 없는 나라는 없습니다. 사실 우리나라는 현재 세계 10위권 이내의 경제 강국이라고 할 수 있습니다. 우리 민족이 한반도 위에 살기 시작한 그 어느 때보다도 강력한 힘을 가지고 있고 융성하고 있습니다. 남의 속국에서 풀려난 지 불과 60여 년밖에 되지 않았는데도 이렇게 성장한 나라, 성장하고 있는 나라는 우리나라밖에 없습니다.

그러나 우리에게는 이 모든 것들의 가치를 평가절하하는 무서운 비관주의가 숨어 있습니다. '어차피 안 될 텐데, 뭐' 라는 식의 무서운 냉소주의도 있습니다. 계속되어 온 전쟁, 권력 다툼, 혁명, 싸움, 정치 문제, 비리 등이 우리에게 세상을 비관적으로 보도록 만들었습니다.

A형 성격의 사람

혈액형의 A형, B형이 아닌 스트레스와 관련된 'A형 성격' 이라는 것이 있습니다. 늘 마음이 급하고 바쁘고 무엇이든지 완벽하게 처리해야 하는 사람입니다. 마감이 중요하고 매사에 서둘러야만 합니다. 과도한 업무를 오히려 즐기기 때문에 일중독에 빠지기 쉽습니다. 강박적이라고 할 만큼 일을 우선으로 하기 때문에 무엇인가를 성취하는 데 뛰어난 자질이 있는 것 같지만 실제로는 그렇지 못한 경우가 많습니다.

이런 성품을 가진 사람은 워낙 바쁘게 움직이기 때문에 어느 정도 성과는 이루지만 진정 큰일을 이루기는 쉽지 않습니다. 마음 속 깊이 자리 잡고 있는 낮은 자존감과 불안정감을 해결하기 위해서 일에 매달리는 경우가 많습니다.

이런 사람들은 자기 자신보다는 자신이 이루어 낸 결과물이 더 중요하다고 생각합니다. 따라서 남과 보조를 맞추기보다는 혼자 일을 하는 경우가 많아 주변사람들을 보면 쉽게 짜증이 나고 화가 납니다. 나폴레옹 같은 사람이 대표적인 A형 성격을 가진 사람이라고 합니다.

이와 반대인 성품을 'B형 성격'이라고 합니다. B형은 급한 것이 없습니다. 좋은 게 좋은 겁니다. 주위 사람들에게 유하다는 소리를 많이 듣습니다. 언제나 허허거리고 살며 늘 여유가 있습니다. 급한 일은 하나도 없는 것 같습니다.

만약 한 회사에 사장은 A형이고 직원들은 모두 B형이라면 어떻게 될까요? 사장은 늘 종종걸음으로 어쩔 줄 몰라 합니다. 스트레스를 팍팍 받습니다. 그래서 사장은 직원들을 끊임없이 다그칠 것입니다. 하지만 B형 직원들은 늘 천하태평입니다. 사장은 볶다 가볶다가 자기가 지쳐서 나가 떨어지고 맙니다. 이런 구조는 결코 바람직하지 않습니다.

> 그러고 보니 내가 바로 전형적인 A형 성격이구나. 완벽하게 일을 처리하는 것이 유능한 것이라고만 생각했었는데, 이게 스트레스에 약한 것이라니. 하지만 마감을 지키고 정확하게 납기를 맞추려면 A형이 되는 수밖에 없잖아.

우리나라 사람들은 A형 성격과 유사한 성품을 가지고 있습니다. 아니 어쩌면 우리나라에 산다는 것 자체가 A형 성격으로 변할 수밖에 없는 여건일 수도 있습니다. 세상에서 백수가 과로사 할 수 있는 나라는 우리나라밖에 없습니다. 직장인, 사업자는 말할 것도 없이 주부, 학생 모두 바쁩니다. 자기 일 외에도 동창회, 계, 동기 모임, 온라인 · 오프라인 동호회 모임, 반상회 등 이루 말할 수 없이 바쁩니다.

어떻게 보면 바쁘다는 것을 즐기면서 자신의 존재가치를 느끼는 건지도 모르겠습니다. 무엇인가 조여드는 듯한 느낌, 쉬고 있으면 무엇인가 큰일을 놓치고 있다는 불안감이 엄습합니다.

한국인은 급합니다. 외국인이 우리나라에 오면 가장 많이 듣는 말이 '빨리 빨리'라고 합니다. 무슨 문제든 즉시 해결하려고 합니다. 식당에 가도 음식이 후다닥 나와야 합니다. 거의 대부분의 업무 평가 기준 역시 '신속성'입니다.

물론 그런 것 때문에 좋은 점도 있습니다. 우리는 '신속하게' 경제 발전을 이루었습니다. 가장 빠른 시간 내에 여기까지 올 수 있었습니다. 남들이 100~200여 년에 걸쳐 이룬 근대화를 몇 십 년 안에 해치웠습니다.

고속도로도, 고속열차도, 가장 빠른 시간에 만들어왔습니다. 납기를 다투는 해외 건설 현장에서 한국이 두각을 나타낼 수 있었던 것도 빠르게 해결하는 능력 때문이었습니다. 그러다보니 부실 공사와 여러 문제가 생겨 나중에 더 큰 비용이 들기도 했지만 경제발전의 원동력은 그 빠른 성품 덕을 톡톡히 보았습니다.

우리 스스로도 일을 후다닥 해치우는 사람을 능력 있는 사람이라고 생각합니다. 단단한 뿌리는 없더라도 우선 성과를 빨리 내는 것이 좋다는 의식이 우리 유전자에 배어들었습니다. 결국 보다 더 많은 사람이 A형 성격이 되었습니다.

일에 중독 된 사람

모든 것이 소진될 때까지 일에만 매달리는 사람입니다. 자신이 가진 모든 에너지를 오직 일하는 데에만 쏟아붓습니다. 회사 일, 가사 일에 심지어는 교회 일에까지 중독되듯 매달리는 사람이 있습니다.

우리 사회는 항상 단위 시간에 더 많은 일을 하는 사람을 훌륭하다고 생각해왔습니다. 사람들은 이런 칭송을 듣기 위해 목숨을 걸기도 합니다. 오직 남의 칭찬에 혹은 자신의 성취욕에 자신의 몸을 제물 삼아 태워버리는 격입니다.

서점에 가면 한 벽을 가득 채운 자기계발 서적을 볼 수 있습니다. 대부분의 '시간관리', '자기경영' 등과 관련된 책은 모두 얼마나 시간을 아끼면서 여러 가지 일을 해낼 수 있느냐를 가르칩니다.

이것을 잘하는 사람은 '승리자'로 잘 못하는 사람은 '실패자'로 몰아세웁니다. 이렇게 일을 많이 하는 사람을 이 시대에는 영웅이라고 부릅니다. 반대의 사람은 무능력자라고 합니다. 이런 식으로 일에 가치를 두다 보니 많은 사람들이 일 중독자가 되어 버렸습니다.

사실 일이란 건 재미있는 것입니다. '에이, 일이 뭐가 재미있어' 하시겠지만 일이란 참으로 많은 재미를 줍니다. 일 때문에 사람을 만나고, 회의를 하고, 고민을 하거나 나누고, 일이 잘 되어서 성과를 거두고 보상을 받는 것은 어느 정도 사람들을 짜릿하게 만들어 줍니다.

일 중독자는 일의 가치보다는 일을 하고 있는 동안의 중독성, 또 일을 해냈을 때의 성과 때문에 일을 합니다. 남들이 일을 잘 한다고 하니까 칭찬에 매료되어 일 속에 빠져버립니다. 스트레스의 불쌍한 희생양입니다.

지난 휴가 때 노트북을 가지고 해변에 갔다가 아내와 아이에게 싫은 소리를 들은 적이 있었지. 그래, 나도 약간 일 중독의 성향이 있기는 한 것 같아. 하지만 어떻게 일을 하지 않고서 살 수가 있지? 그리고 이왕 일을 하려면 잘한다는 소리를 들을 정도로 해야 하는 것 아닐까. 뭐야, 저 강사 지금 일도 하지 말고 열심히 살지도 말란 말인가?

한국 사람들은 일 중독자입니다. 주당 노동시간이 가장 많은 나라가 우리나라입니다. '중독'이라는 단어에 신경써주십시오. 중독이라는 것은 나도 모르게 자꾸 거기에 빠지게 된다는 의미입니다.

술에 중독된 사람을 생각해 보십시오. 술이 몸에 좋지 않다는 것은 다 알지만 해만 지면, 심지어는 눈만 뜨면 술을 마시고 싶어합니다. 술이 들어가야 몸이 돌아가기 시작합니다. 이것이 중독입니다. 일 또한 마찬가지입니다. 일만 하는 게 결코 좋은 것은 아니라는 것을 잘 알고 있으면서도 일에 빠져서 일하는 기계처럼 사는 것이 편하고 몸이 그래야 돌아가게 되는 것입니다.

피해의식에 사로잡힌 사람

어떤 상황에 놓이든 자신을 피해자라고 생각하는 사람이 있습니다. 자신을 쓰나미처럼 밀려드는 스트레스에 고스란히 떨어지고 마는 나뭇잎 같은 신세라고 여깁니다. 늘 당하고 살 수밖에 없다고 생각합니다. 이렇게 퍼붓는 스트레스를, 또 스트레스를 만들어낸 다른 사람들을 탓합니다. 자기가 할 수 있는 것은 아무 것도 없다고 생각합니다.

앞에서 배웠던 '학습된 무력감'의 대표적인 희생자들입니다. 이 나라에서 태어난 것이 억울하고, 돈 없는 부모 밑에서 태어난 것이 화가 나고, 성격이 좋지 못한 배우자와 결혼한 것이 한스럽고, 공부 못하는 아이들을 둬서 기가 죽습니다. 남에게 기대만 하다가 남이 그 기대에 맞춰주지 못하면 항상 불평, 불만을 하며 살 수밖에 없습니다.

다른 사람들을 변화시키려고 애쓰다가 포기하고, 다른 사람들에 대해서 '대처하는 법'을 배우려고 애쓰기도 하지만 결국은 실패하고 맙니다. 그러다가 결국 남을 믿은 것이 잘못이라고 생각하고 아예 다른 사람은 만나려고 하지도 않고 아무런 관심도 두지 않습니다. 결국 이 세상은 온통 적으로 둘러싸여 있다고 생각하게 됩니다.

세상이 원래 그런 거 아닐까. 워낙 서로 다 잡아먹으려 하잖아. 이런 세상 속에서 살려면 당연히 피해의식이 생기는 거고. 다들 서로 밟고 밟아야 살아가는 세상인데, 약육강식이라는 말이 괜히 나오는 게 아니잖아. 어차피 나도 남을 밟고 일어서야 하고 남도 나를 이기려고 기를 쓰니 피해의식이 생길 수밖에 없잖아.

완벽주의에 빠진 사람

우리는 100점짜리 아이, 신랑, 직장 등등 항상 완벽하고 완전무결한 것이 좋은 것이고 최선의 것이라는 생각을 합니다. 물론 공부야 항상 100점을 맞으면 좋겠지요. 그러나 사람은 본질적으로 불완전한 존재입니다. 그런 존재가 완벽해지려고 하면 할수록 문제는 심각해질 수밖에 없습니다.

중학교에서 계속 1등만 하던 아이가 특목고에 들어가서 몇 십 등으로 떨어지는 일은 얼마든지 있습니다. 아니 반드시 누군가의 성적이 떨어져야만 또 다른 누군가가 1등을 할 수 있게 되는 것이 인생의 진리라고 하겠지요. 하지만 고등학교를 졸업하고 대학, 대학원에 진학하거나 유학을 가면 항상 더 우수한 사람을 만나게 됩니다.

수학에서 1등을 한다고 해서 영어에서도 1등을 하기는 어렵습니다. 모든 분야에서 완벽할 수 있는 사람은 없습니다. 그런데도 사람들은 자꾸만 완벽해지려고 합니다. 이상은 높으나 현실적으로는 완벽해질 수 없기 때문에 힘이 들고 스트레스를 못 견디게 되는 것입니다.

그동안 내 분야에서만큼은 얼마나 완벽하려고 애썼는데 그게 스트레스를 만드는 이유라니. 그러면 뭐든지 설렁설렁 대충 대충 해야 스트레스를 안 받는다는 걸까.

원래 우리나라는 '미완의 완성'을 추구하는 나라였습니다. 비틀어진 소나무를 이용해 그 비틀림을 그대로 살려서 집을 짓는다든지, 완벽하게 네 귀퉁이를 맞추지 않으면서 기둥에 맞추어 돌을 받치게 해서 건축을 한다든지 여유 속에서도 완성미를 찾아갔습니다.

그러나 수학도 잘하고, 영어도 잘하고, 과학도, 사회도, 체육도, 미술도 모두 잘해야만 인정받을 수 있는 세상이 되었고 줄넘기, 그림 그리기, 심지어 노는 것도 과외를 받아야 하는 사회입니다. 무엇이든지 잘하고 근사한 영웅 같은 사람, 돈도 많고 힘도 센 사람, 예쁘고 날씬하고 똑똑한 사람만 대접받는 시대입니다. 완벽이라는 것 자체가 불가능한 것임에도 불구하고 많은 사람들이 그러한 완벽을 향해 무모하게 달려가고 있습니다.

눈치 보는 사람

항상 남의 눈치를 보는 사람이 있습니다. 삶의 주도권을 다른 사람에게 빼앗긴 사람입니다. 귀가 얇은 것인지 줏대가 없는 것인지 항상 남의 말이 더 중요합니다. 자신의 의견보다는 인터넷 사이트에 올라있는 댓글 하나에 따라 마음을 정합니다.

물론 남이 좋다고 하는 것이 역시 좋은 경우도 있습니다. 그러나 분명히 그렇지 않은 경우도 있습니다. 눈치라는 것은 확실한 것이 아닌데도 불구하고 그냥 그렇게 때려 맞추어 생각하는 것입니다.

"눈치를 보니 그래", "그런 눈치야"라고 말하고 그렇게 믿습니다. 나를 좋아하는 눈치면 기분이 좋고, 나를 싫어하는 눈치면 기분이 상합니다. 이래서는 스트레스에 약할 수밖에 없습니다.

그렇지만 어떻게 남의 눈치를 안 보고 살 수 있단 말이지. 그러다가 눈치코치 없는 놈이라는 소리나 듣지. 저 강사 참 세상 물정 모르는 사람이군. 저 사람 진짜 눈치 없는 사람이군. 저래서야 어떻게 이 험한 세상을 살아가나….

우리나라 사람처럼 눈치가 발달한 사람들도 없습니다. 대충 눈치로 때려잡고 삽니다. 눈치로 밥을 먹고, 눈치로 학교를 가고, 취직을 하고, 일을 합니다. 그러다보니 남의 영향을 많이 받을 수밖에 없습니다. 남의 눈치가 보여서 하고 싶은 대로 못한다는 사람이 아주 많습니다.

사실 지금까지 제가 말씀드린 것이 어쩌면 요즈음 현대 생활에서 꼭 필요한 사람의 유형일 수도 있습니다. 사회생활에서 성공하려면 이런 요소를 어느 정도는 갖추어야 성공할 수 있다는 것입니다.

- 세상을 정확하게 보고 판단할 수 있어야 하는 냉철한 '비관주의'
- 지극히 부지런하고 바쁘고 정확해야 하는 'A형 성격'
- 직장을 가정보다 우선시하고 바쁘게 살고 많은 일을 수행해야 하는 '일 중독자'
- 남과 끊임없이 경쟁하고 배척하고 밟고 일어서다 보니 조금이라도 남을 더 의식해야 하는 '피해의식'
- 매사를 꼼꼼하고 확실하게 처리해야 하는 '완벽주의자'
- 정도껏 남의 눈치도 볼 수 있고 분위기 파악도 잘할 수 있는 '눈치꾼'

우리 모두는 이런 요소들을 조금씩 가지고 있습니다. 사실 이런 '세상 사는 법'을 충실히 따라서 성공한 사람도 많이 있습니다. 하지만 문제는 이런 방식으로 모두 다 성공을 하는 것은 아니라는 것입니다. 오히려 이로 인해 더 많은 스트레스를 받게 됩니다.

아니 그럼 도대체 어떻게 하란 말이야? 그렇게 살아도 힘들고 아니어도 힘들다면 이왕 성공이나 한 번 해보는 게 나은 거 아닐까?

우리가 이렇게 스트레스를 많이 받고 있다는 사실은 여러 가지 측면에서 드러나고 있습니다. 40대 사망률 1위, 삶의 만족도 하위

수준, 낮은 행복 지수 등등 이대로는 안 됩니다. 우리를 변화시키기 위해, 더 행복해지기 위해, 우리가 추구해야 할 사람의 유형이 있습니다.

바로 '옵티미스트'입니다.

4장 |

행동하는 진정한 긍정주의자
옵티미스트

옵티미스트의 영어 표기는 Optimist입니다. 사전에는 '낙천가, 태평인 사람, 낙관주의자' 라고 나와 있습니다. 하지만 이 책에서의 옵티미스트는 단순히 낙관주의자나 긍정주의자와는 다른 의미를 가지고 있습니다.

가령, 사방 천지 똥이 가득 찬 곳에 내동댕이쳐진 상황이라고 해봅시다. 그동안 알고 있던 흔한 의미로서의 낙관주의자, 긍정주의자는 이럴 때, "아, 이건 똥이 아니야", "언젠가 이 똥은 다 없어질거야", "누군가 이 똥을 다 치워 주겠지"라고 생각합니다. 조금 더 나아가서는 "이 세상엔 똥이 널려있는 곳도 필요해", "난 똥 속에서도 잘할 수 있어"라며 자신을 다독이기도 합니다.

하지만 옵티미스트는 조금 다릅니다. 진정한 옵티미스트는 삽을 가져와서 이 똥들을 스스로 치워내고 쾌적한 상태로 만듭니다.

옵티미스트는 행동이 동반된 진정한 낙관주의자, 긍정주의자이기 때문입니다.

옵티미스트의 어원을 이용해서 만든 동사 Optimize는 '최적화 하다' 라는 뜻을 갖고 있습니다. 옵티미스트는 '나' 와 '나를 둘러 싼 환경' 을 최적의 상태로 유지하고자 적극적으로 노력하는 사람 입니다. 이런 삶의 자세를 견지하고 실천하는 사람들, 그들이 바로 옵티미스트입니다.

이런 면에서 긍정주의, 낙관주의라는 말도 조금은 신물이 납니 다. 정말 좋은 의미의 단어인데 너무 함부로 쓰다 보니 이렇게 된 것입니다. 그래서 이런 말을 '옵티미즘(Optimism)' 이라는 말로 그냥 쓰도록 하겠습니다.

흔히 옵티미즘을 설명할 때 반쯤 찬 물컵을 보고 '아직 반이나 남아있네' 라고 보는 태도라고 합니다. 정확한 옵티미즘의 정의는 '세상의 모든 부분, 학교, 관계, 직업, 인생 전반에서 성공을 거둘 수 있도록 만들어주는 긍정적이고 낙관적인 태도' 를 말합니다.

옵티미즘은 인생에서 어려운 점을 극복할 수 있게 해줍니다. 좋은 일이든 나쁜 일이든 해결할 수 있다는 자신감을 줍니다. 어 떠한 상황이든지 성공할 수 있다는 믿음과 기대를 가지고 끈질기 게 버틸 수 있게 해줍니다.

옵티미스트는 자신을 믿음으로써 긍정적인 사고방식을 가지게 되고, 그를 통해 세상을 행복하게 살아가는 사람들입니다. 끊임없이 자신을 계발하며 인간의 가치를 믿습니다. 절대로 환경을 탓하지 않습니다. 주어진 조건과 자원을 충분히 활용하여 현재 상태에서 최선을 다하는 사람들입니다.

또한 그들은 변화를 두려워하지 않습니다. 자기 자신을 변화의 출발점으로 삼습니다. 자신에서 출발하여 주변 사람들에게 그리고 자신을 둘러싼 모든 환경을 최적의 상태로 유지해 갑니다. 긍정의 힘을 믿으며 희망을 잃지 않습니다. 몇 번을 좌절해도 무너지지 않습니다. 끊임없이 자신을 채찍질하며 새로운 분야를 개척하고 도전합니다. 현실에 최선을 다하지만 그렇다고 집착하는 것은 아닙니다.

이렇게 좋은 말로만 이루어진 상태의 사람, 정말 좋은 사람을 옵티미스트라고 합니다.

옵티미스트의 근간이 되는 옵티미즘 이론에 따르면 옵티미스트는 3가지 영역에서 좋은 일과 나쁜 일을 구분한다고 합니다.

옵티미스트는 좋은 일은 내적인 자원에서 나온다고 믿습니다. 또한 좋은 일은 지속된다고 믿습니다. 그리고 좋은 일은 인생 전반에 걸쳐 영향을 준다고 생각합니다.

반면에 나쁜 일은 외적인 것에서 온다고 믿습니다. 나쁜 일은 일시적인 현상이라고 여깁니다. 나쁜 일은 특정한 사건에 국한된다고 생각합니다.

비관적인 사람은 이와 반대로 생각합니다. 좋은 일은 자신의 덕이 아니라 외부에서 주어진 것으로 생각하며 나쁜 일은 자기 때문에 생겼다고 믿습니다. 좋은 일은 일시적인 것이고 나쁜 일은 영원히 지속된다고 생각합니다. 좋은 일은 특정한 사건에 국한되어 일어나지만 나쁜 일은 인생 전반에 거쳐서 일어난다고 믿습니다. 이런 생각의 차이가 서로 다른 사람을 만듭니다.

다른 태도를 가지면 다른 삶을 살게 됩니다. 험한 세상 속에서 자신을 사랑하고 남을 사랑하며 자신과 타인, 삶의 본질을 터득하고 살아갈 수 있습니다. 물론 옵티미스트는 긍정적이고 낙관적인 사람을 말합니다. 그러나 이것을 뛰어넘는 다른 의미가 포함되어 있습니다.

옵티미스트는 사랑, 따뜻함, 연민과 같은 좋은 느낌을 발산합니다.

옵티미스트는 주변 사람에게 안도감을 느끼게 해주고 편안하게 만들어줍니다.

옵티미스트는 평화롭고 행복하게 살아갑니다.

옵티미스트는 같이 있으면 기분이 좋아집니다.

옵티미스트는 조화와 균형을 이루고 있고, 강인하고 잘 참아내며, 뜨거운 열정과 신바람이 나는 사람을 말합니다.

이렇게 한없이 좋은 특징이 연결되면 궁극적으로는 '좋은 사람', '행복한 사람'이 될 수밖에 없습니다.

5장

무엇이 옵티미스트를 만드는가

긍정적인 사고방식은 옵티미스트가 되기 위한 가장 기본적인 전제조건입니다.

부정적인 사람과 옵티미스트를 구분하는 대표적인 예가 있습니다. 비관론자와 옵티미스트가 사막에서 조난을 당했습니다. 그들이 가지고 있는 것은 마시다 남은 물 반 병뿐입니다. 상황은 똑같이 좋지 않습니다.

이때 비관론자는 물이 반밖에 남지 않았다고 생각합니다. 이 물 가지고는 사막을 도저히 건널 수 없을 것 같습니다. 걱정되고

비관론자		옵티미스트
물 반 병의 사막	상황	물 반 병의 사막
반 밖에 없다	사고	반이나 있다
걱정, 불안	감정	여유, 편안
목마름	생리	불변
물을 더 마심	행동	불변
물 소진, 사망	결과	구조, 생존

불안합니다. 초조합니다. 그러니 더욱 목이 탑니다. 목이 타니 물을 마실 수밖에 없습니다. 물을 마시고 나니 물은 더 줄어들었습니다. 더 초조해지고 더 다급해지고 더 걱정이 많아집니다. 그럴수록 더 안절부절 못하고 불안해지니 목이 더 탑니다. 그나마 있는 물을 또 마십니다. 물은 더 줄어듭니다. 악순환입니다. 결국은 물을 다 마셔 버린 후 한 걸음도 걷지 못하고 사막에서 죽음을 맞이할 수밖에 없는 신세가 됩니다.

반면에 옵티미스트는 물이 반이나 있다고 생각합니다. 충분히 여유가 있습니다. 여유가 있으니 목이 그리 마르지도 않습니다. 부지런히 발걸음을 재촉할 수도 있고, 여기서 살아남을 수 있는 방법을 찾아볼 여유도 있습니다. 결국은 구조되어 생존할 확률이 높아집니다.

같은 상황이라도 생각과 태도의 차이가 삶과 죽음의 엄청난 차이를 가져오는 것입니다.

생각이 모든 것을 결정합니다.

또 다른 예를 들어봅시다. 늦은 밤, 남편은 출장을 가고 아내와 아이들이 자고 있습니다. 새벽 3시 경에 거실에서 쾅하는 소리가 들려옵니다. 안방에서 자고 있던 아내가 잠을 깼습니다. '이게 무슨 소리지? 도둑이 들었나? 강도인가? 하필이면 남편이 없을 때 이런 일이…' 가슴은 뛰고 불안과 걱정이 가득합니다. 그래도 건넌방에서 자고 있는 아이들이 걱정되어 방 밖으로 나갈 수밖에 없는 용감한 아줌마, 벌렁거리는 가슴을 안고 겨우 나가봤습니다.

화분이 넘어져 있습니다. 어젯밤 미처 문단속을 못한 바람에 커튼이 날리면서 화분을 넘어뜨린 것입니다. 그것을 알게 된 순간에도 불안할까요? 불안 대신 귀찮은 감정이 들 것입니다. 출장 간 남편에 대한 원망 대신에 문단속을 하지 않았던 자신에 대한 원망이 나옵니다.

사람은 생각이 인도하는 대로 사는 존재입니다. 생각은 감정을 만들어냅니다. 감정은 삶을 채색합니다. 부정적인 생각은 부정적인 감정을 만듭니다. 부정적인 감정은 부정적인 사람을 만들고 부정적인 행동을 하게 하고 부정적인 철학을 가지게 합니다. 부정적인 사람은 부정적인 사람을 끌어들이고 서로 상처를 주면서 절망의 구렁텅이로 빠지게 합니다.

생각은 일종의 습관입니다. 습관은 머릿속에 고랑을 만드는 것과 같습니다. 그 고랑을 따라서 반응이 나오게 됩니다. 어떤 자극이 들어오든지 그 고랑을 따라서 생각하게 됩니다. 한 번 물꼬가 트이면 그것을 바로 잡는 것은 쉬운 일이 아닙니다.

옵티미스트는 긍정적인 물꼬가 트인 사람입니다. 어떠한 일이 있어도 긍정적인 방향으로 생각할 수 있도록 생각의 흐름을 다잡은 사람입니다. 부정적이고 비관적인 사람도 옵티미스트로 변화한다면 새로운 물꼬가 트이기 시작하면서 조금씩 변화할 수 있게 됩니다.

긍정적인 생각을 하는 것은 노력이 필요한 일이지만 부정적인 생각을 하는 것은 노력이 필요 없습니다. 그냥 가만히 있으면 부정적이게 됩니다.

옵티미스트는 이러한 나쁜 생각을 거부할 수 있는 힘이 있는 사람입니다. 안타깝게도 하루아침에 자동으로 이루어지지는 않습니다. 다만 긍정적인 물줄기가 한 번 생겨나면 낙심, 불안, 두려움, 걱정, 불안과 같은 부정적인 것들을 모두 이겨낼 수 있는 준비를 갖추게 됩니다.

성공에만 집착하지 않는 옵티미스트

많은 사람들이 "성공하려면 긍정적이어야 한다"고 말합니다. 수많은 책과 워크숍과 리더십 훈련이 모두 긍정적인 자원을 총동원하는 데 초점을 맞추고 있습니다. 그러다보니 마치 긍정적인 것이 성공을 하기 위한 밑거름처럼 되어버렸습니다.

성공을 하기 위해서는 '긍정적인 마음'을 가지고 '수단과 방법을 가리지 말고', '열심히, 불철주야', '노력해야' 한다고 가르치고 있습니다. 성공하기 위해서는 주도적이어야 하고, 삶을 관리해야 하고, 스스로를 성찰해야 하고, 자신의 삶을 철저하게 분석해야 하고…. 이것이 세상의 가르침입니다.

세상은 '성공' 이야말로 우리가 추구해야 하는 최종적인 목표라고 가르칩니다. 그리고 '긍정'은 성공을 이루게 해주는 방법이라고 말합니다. 하지만 절대로 우리 삶의 목표가 '성공'이어선 안 됩니다. 성공보다는 '행복'이 우리의 목표여야 합니다.

아무리 성공해도 불행한 사람이 있습니다. 세상의 시각으로는 성공하지 못한 사람이라도 얼마든지 행복할 수 있습니다. 옵티미스트가 되는 것이 곧 세상의 성공을 보장하는 건 아닙니다. 물론 확률적으로는 옵티미스트가 세상에서도 성공할 확률이 훨씬 높습니다. 그러나 옵티미스트는 성공보다 훨씬 더 큰 것을 지향합니다. 행복에 비한다면 성공하고 안 하고는 그리 중요하지 않습니다.

옵티미스트는 자신과 타인에 대해서 항상 열린 마음, 따뜻한 마음을 가지고 있습니다.

옵티미스트는 항상 용기 있게 전진합니다.

옵티미스트는 세상의 어떠한 어려움 속에서도 진실하게 버텨낼 수 있고 세상의 나쁜 면을 고치려 합니다.

옵티미스트는 설사 잘못되었을 때라도 실망하거나 포기하지 않고 그것을 통해 무엇인가를 배워서 더 나은 사람이 됩니다.

옵티미스트는 결코 언젠가 성공하겠지, 언젠가 좋은 날이 오겠지, 언젠가 나도 여기서 빠져나갈 수 있겠지 하면서 '언젠가'에 기대를 거는 사람이 아닙니다.

옵티미스트에 대한 이런 몇 가지 설명만 보아도 옵티미스트가 되는 것이 세상이 말하는 성공보다 더 큰 성공이라는 것을 알 수 있습니다. 성공하려 애쓰지 말고 옵티미스트가 되기 위해 애써야 합니다.

솔직히 왜 사십니까? 삶의 목표가 무엇입니까?

우리의 삶을 가만히 살펴보면 아파트 평수를 넓히는 것, 화장실을 하나 더 가지는 것에 목숨을 거는 것 같습니다. 엄청난 경쟁 속에서 어렵게 공부를 하고, 직장을 얻어서, 돈을 벌고, 결혼을 하게 되면 우리는 보통 남의 화장실을 빌려서 오줌 누고 똥 누며 살아갑니다. 소위 전세나 월세를 말하는 것입니다. 물론 부모를 잘 만나서, 혹은 젊어서 억세게 운이 좋아 돈을 많이 벌었다면야 신혼 초부터 자기 돈으로 산 화장실을 이용할 수 있겠지만 흔한 일은 아닙니다. 빌려서 시작하는 사람이 대부분입니다.

가정을 이루고 뼈가 빠지도록 열심히 일하면서 유일한 소망은 자기가 마련한, 자기가 주인인 화장실에서 오줌 누고 똥 누는 것입니다. 대출도 받고 무리를 해가며 작은 아파트라도 마련하면 너무나 행복해합니다.

"드디어 나도 내 변기에 똥 눈다!"

이게 우리의 외침입니다. 그러나 그 행복도 그리 오래 가지는 못합니다. 곧 다음 단계, 즉 화장실 2개를 꿈꾸기 때문입니다. 비록 내 변기에 똥을 눌 수는 있지만 간혹 그 변기에 아내나 아이들이 앉아있다 보니 급할 때 볼일 보기가 어려워서 이제는 화장실이 2개인 아파트로 가고 싶어집니다.

그러다가 결국 그 꿈이 이루어지면, 그 다음에는 조금 더 넓은 화장실, 비데가 있는 화장실, 아니면 강남에 위치한 화장실, 근사한 대리석을 바른 화장실… 이렇게 발전해 나갑니다. 평생 화장실을 바꾸기 위해서 사는 것이 우리의 삶이 되어버렸습니다. 그러다가 은퇴하고 노인이 되고…. 그렇게 사는 것입니다.

이 세상에 우리가 살아왔던 목적이 겨우 넓은 2개의 화장실 혹은 3개의 화장실을 얻는 것일까요? 이게 성공일까요? 이게 우리의 목표일까요? 옵티미스트가 되면 조금씩 세상이 다르게 보이게 시작합니다. 세상의 성공보다 더 큰 가치를 바라볼 수 있을 때 우리는 진정한 옵티미스트로 거듭나게 되는 것입니다.

옵티미스트의 놀라운 회복력

요즈음 심리학에서 뜨고 있는 용어 중에 '리질리언스(Re-silience)'라는 개념이 있습니다. 영어 단어 자체는 '다시 튀어오름, 탄력, 탄성, 원상 회복력, 원기 회복력'이라고 해석할 수 있습니다. 일종의 심리적인 맷집과도 비슷한 개념입니다. 주먹에 대한 맷집이 아니라 스트레스를 견디는 힘을 말합니다.

맷집에는 일방적으로 당하는 느낌이 들어가 있지만 리질리언스에는 탱탱한 힘이 느껴집니다. 아무리 세게 눌러도 곧 제 모습을 회복하는 질긴 고무공 같은 느낌입니다. 옵티미스트는 이런 리질리언스가 높은 사람들입니다. 어떠한 일을 당해도 곧 탱탱하게 회복해내는 사람을 옵티미스트라고 합니다. 리질리언스를 높이는 요소에는 다음과 같은 것들이 있습니다.

● 높은 자존감

잘 회복하는 사람은 스스로를 귀하게 여기는 사람입니다. 나의 가치를 아는 사람은 '힘들어도, 어려워도' 포기하지 않고 잘 견딜 수 있습니다.

만년의 피카소가 해변을 거닐고 있었습니다.

지나가던 여자가 피카소를 알아보고 사인과 함께 자신을 그려 달라고 부탁했습니다. 피카소는 흔쾌히 승낙하며 여자를 그렸습니다. 연필로 대충 획획 그리는 시늉만을 하더니 그림이 완성되었다며 여자에게 그림을 주었습니다.

그리고는 엄청난 액수의 돈을 요구했습니다. 여자가 따져 물었습니다. 성의도 없이 대충대충 그림을 그려놓고 너무 비싼 거 아니냐고. 그러자 피카소가 대답했습니다.

"이 그림을 그리기 위해 나는 지난 30년간 피땀을 흘리며 노력했습니다."

자신이 하는 일에 대해 이 정도 믿음은 있어야 합니다. 자기의 능력에 대해서 이 정도의 자신감은 있어야 합니다. 스스로를 귀하게 여길 줄 아는 마음이 있어야 어려운 일이 닥쳐도 좌절하지 않습니다.

● 문제와 스트레스를 보는 능력

무조건 퍼붓는 매를 견디기만 해서야 그걸 버틸 수 있는 장사가 없을 것입니다. 맷집만 좋다고 살 수는 없습니다. 매도 몇 대나 맞는 것이지 아무런 대책 없이 버티기만 해서는 아무것도 해결되지 않습니다.

옵티미스트는 일방적으로 얻어맞고 사는 사람이 아닙니다. 일에 압도되어 당황하지도 않습니다. 아무리 문제가 많아도, 스트레스가 밀려와도 문제를 잘 해결할 수 있는 태도가 몸에 배어있습니다. 어떤 문제가 있는지는 중요하지 않습니다.

마음먹은 일은 될 수 있다고 믿는 것이 옵티미스트입니다. 해결하려고 마음먹지 않은 일은 결코 해결되지 않습니다. 된다고 믿기 시작하면 그 문제는 이제 더 이상 문제가 아닙니다.

해결할 수 있다는 생각이 들면 문제와 스트레스를 힘겹게 느끼지 않게 됩니다. 그저 나를 더욱 강한 사람으로 훈련시킬 수 있는 기회로 볼 수 있게 됩니다. 권투 선수들이 맷집을 키우기 위해 트레이너가 때리는 주먹에 배를 맡기는 것과 같은 상황으로 생각합니다. 더 강한 사람으로, 더 훌륭한 사람으로 변화하기 위한 훈련을 받고 있다고 생각합니다.

옵티미스트는 어떠한 상황도 내가 어떻게 할 수 없는 거대한 쓰나미로 보지 않습니다. 자신을 재미있게 해주는, 서핑하기 좋은 파도로 봅니다. 아무리 큰 문제의 파도가 밀려와도 그것을 타고 넘으면서 즐길 수 있을 것이라는 확신이 있습니다.

옵티미스트는 문제를 억지로 해결하려고 하지 않습니다. 때가 되면 저절로 풀린다고 생각합니다. 어떠한 문제라도 편안하게 기다린다면 풀리지 않을 문제는 없습니다.

이스라엘의 다윗 왕이 어느 날 궁중의 세공장을 불러 아름다운 반지를 하나 만들라고 지시했습니다. 그리고 "내가 큰 승리를 거둬 기쁨을 억제하지 못할 때 스스로를 자제할 수 있고, 반대로 큰 절망에 빠졌을 때 좌절하지 않고 용기를 얻을 수 있는 글귀를 반지에 새겨 넣도록 해라"라고 명령했습니다.

왕의 명령을 받은 세공장은 집으로 돌아와 며칠을 고민했지만 적합한 글귀가 생각나지 않았습니다. 고민 끝에 결국 지혜롭기로 소문난 솔로몬 왕자를 찾아갔습니다. 세공장의 이야기를 들은 솔로몬은 잠시 생각하다 글귀 하나를 써 주었습니다.

'이것 또한 곧 지나가리라.'

그렇습니다. 아무리 좋은 일도 곧 지나갑니다. 그러나 아무리 큰 문제도 결국은 지나가게 된다는 것이 옵티미스트의 교훈입니다.

● 좋은 사회적 관계

나뭇가지 하나를 꺾는 것은 쉬운 일이지만 여러 개를 꺾는 것은 쉬운 일이 아닙니다. 사람도 마찬가지입니다. 나밖에 없다며 스스로를 고립시키는 독불장군은 어려운 일을 견디기 어렵지만 다른 사람과 좋은 관계를 맺고 있는 사람은 잘 견딥니다.

심장발작으로 중환자실에 입원한 남성들의 생존율을 조사한 연구가 있었습니다. 친구나 사회적 관계의 네트워크가 많았던 사람이 고립된 사회생활을 하는 사람보다 훨씬 건강하게 회복될 확률이 높았습니다. 이렇듯 여러 사람들과 좋은 관계를 맺고 있는 사람들이 더 빠르게 회복되고 병을 잘 이겨낼 수 있다는 것은 의학적으로도 규명되고 있습니다. 사람들과의 관계가 이런 데까지 영향을 줄 수 있는 것입니다.

● 유머 감각

옵티미스트는 유쾌합니다. 삶에 대해서 따뜻한 마음을 가지고 있고 기쁨과 생명이 넘치는 사람이므로 따뜻한 가슴에서 넘쳐흐르는 여유롭고 풍부한 유머 감각을 가지고 있습니다. 유쾌한 사람은 본인도 즐겁지만 옆에 있는 사람도 즐겁고 행복하게 해줍니다.

웃음은 축복입니다. 웃음은 자유를 줍니다. 몸도 바꾸어 줍니다. 근육도 편안하게 풀어주고 긴장도 떨어뜨려 줍니다. 마음도 편안하게 만들어 줍니다. '일소일소 일노일노(一笑一少 一怒一老)', '소문만복래(笑門萬福來)'와 같은 말도 있고, 최근 의학계에서도 몇 가지 좋은 결과가 발표되고 있습니다.

스탠포드 의대의 윌리엄 프라이 박사에 의하면 웃음은 엔돌핀과 같은 자연 진통제를 만들어 내고 항염 작용을 하는 물질의 생성을 촉진시켜서 진통효과를 준다고 합니다. 또 동맥을 이완시켜서 혈액순환을 좋게 하고 혈압을 낮추는 효과가 있다고 합니다. 아울러 스트레스와 분노, 긴장을 완화시켜 심장마비와 같은 돌연사를 예방하며 면역력을 높여 감기와 같은 감염질환은 물론 암이나 성인병에 대한 저항력도 높여 준다고 합니다.

로빈 윌리엄스가 열연했던 영화 〈패치 아담스〉에서 박사는 헛된 치료를 한 것이 아닙니다. 최근에는 웃음치료사라는 직업까지 등장하고 있습니다. 옵티미스트는 그런 면에서 타고난 치료자입니다.

● 파괴적인 관계와 감정적 거리를 둘 수 있는 능력

자신이든 남이든 간에 활활 태워버리는 사람과의 관계는 아무리해도 빠져나올 수 없는 모래 무덤과도 같습니다. 이것은 스스로를 파괴하는 함정이라고 할 수 있습니다.

자신이 해결하지 못한 감정의 콤플렉스일 수도 있고, 끝없이 착취를 거듭하는 나쁜 사람과의 관계일 수도 있습니다. 많은 사람들이 그 관계에 빠져서 헤어나오지 못하고 있습니다. 옵티미스트는 이런 관계에 빠지지 않을 수 있는 능력이 있습니다. 감정은 그저 감정에 지나지 않습니다. 그러나 한 번 감정에 깊이 빠지면 그것이 삶의 전반을 지배하기도 합니다.

나와 아무 관계도 없는 사람 때문에 힘들어하는 사람은 없습니다. 부모, 자식, 배우자, 애인, 친척, 친구 등 가까운 사람들과의 관계 속에서 항상 문제는 일어납니다.

옵티미스트는 아무리 험악한 환경에 처할지라도, 아무리 나쁜 부모와 친척과 가족과 함께 살지라도, 아무리 착취하는 직장 상사와 같이 일할지라도 그들과의 감정적인 관계 때문에 괴로워하지 않을 수 있습니다. 한 발자국 거리를 두고 물러나서 자신과 그들과의 사이를 바라보는 능력이 있습니다.

이렇게 거리를 둘 수 있으면 그 관계에 빠지는 것이 아니라, 그 어려움이 나를 힘들게 만드는 사람의 개인적인 결함에 의해서 생기는 것이라는 것을 알 수 있게 됩니다. 이제는 오히려 그를 불쌍히 여길 수 있게 됩니다.

이 세상에 존재하는 모든 정신치료, 심리치료법에는 공통적인 특징이 있습니다. 자신의 문제를 한 걸음 떨어져서 객관적인 눈으로 '관(觀)' 할 수 있도록 만드는 것을 목표로 합니다. 이런 측면에서 옵티미스트는 이미 훌륭한 정신치료를 받은 사람입니다.

● 이전 성공의 경험

많은 옵티미스트는 이전에 성공을 해보았습니다. 따라서 어려운 일이 닥치더라도 나는 해낼 수 있으리라는 강한 믿음을 가지고 있습니다. 물론 세상의 시각으로는 성공한 것처럼 보이지 않을 수도 있습니다. 그러나 인생에서 옵티미스트가 된다는 것보다 더 큰 성공은 없습니다.

이미 옵티미스트가 되는 성공을 했기 때문에 다른 것은 전혀 문제가 되지 않습니다. 옵티미스트가 느끼는 자신감, 성취감, 행복감이 있기 때문에 아무리 어려운 일이 닥쳐도 옵티미스틱하게 대처하면 해낼 수 있으리라는 믿음이 있습니다.

이런 믿음을 가지고 있다면 매사에 자신감이 넘치게 됩니다. 믿음을 가지고 자신 있게 하는 일은 대개 성공할 수 있습니다. 이처럼 옵티미스트가 되었다는 것 자체가 일종의 성공이고 그 성공이 또 다른 성공을 불러냅니다. 이런 경험을 가지고 있으면 어려움 속에서도 질기게 견뎌내고 탱탱하게 버틸 수 있게 해줍니다.

● 활동 지향성

옵티미스트는 앉아서 생각만 하고 계획만 하며 머릿속으로 꿈만 꾸는 사람은 아닙니다. 힘차게 실행하면서 움직이는 기관차 같은 사람입니다. 실제로 도전하고 느끼고 해결해봅니다. 머릿속에서 그림만 그리다가 '이건 어려울 거야'라고 포기하는 것이 아니라, 실제로 겪어보고 부딪히면서 다른 방식을 찾아냅니다.

어려운 일이 있으면 어려운 일의 주변을 빙빙 돌아봅니다. 돌아보다 보면 길이 생깁니다. 만약에 길이 생기지도 않고 돌아볼 수도 없으면 그 밑으로 기어들어가 봅니다. 기어가면서 납작 엎드려 기회를 봅니다. 길 수조차 없을 때는 뛰어 넘습니다. 훌쩍 뛰어 넘어버리면 대부분의 일은 해결됩니다. 뛰어 넘을 수도 없을 때는 헤치면서 빠져나옵니다. 제 아무리 거치적거리는 일도 움직이고 활동하는 사람은 넘을 수 있습니다.

옵티미스트는 바로 움직이는 사람입니다.

● 인내심

옵티미스트는 잘 참는 사람입니다. 진득하게 견디는 힘이 뛰어납니다. 물론 옵티미스트에게도 어려운 일은 닥치며, 고통스러운 일을 겪을 수도 있습니다.

통증을 참는 것은 사람마다 다릅니다. 작은 통증도 견디지 못하고 난리를 치는 사람이 있습니다. 살짝 살갗만 벗겨져도 중화상을 당한 사람처럼 길길이 날뛰는 사람이 있습니다. 반면에 어디가 부러져도 멀쩡하게 "어디서 다쳤나?" 하고 반문하는 사람도 있습니다. 독화살을 빼내는 수술을 하면서도 바둑을 두었다는 관우같이 태연한 사람이 있습니다.

심리적인 면도 마찬가지입니다. 심리적인 고통을 진득하게 버티는 사람을 난리 피우는 사람은 도저히 이겨낼 길이 없습니다. 그러나 조심할 것은 너무 아픈데도 불구하고 아프지 않은 척 하는 것이 잘 참는 것은 아니라는 것입니다. 오히려 나중에 덧나서 큰 병이 됩니다. 아픈 것을 느끼면서도 견디는 것만이 진정한 인내심입니다. 이 고통이 결국은 지나갈 것이라고 믿으면서 견디는 사람이 옵티미스트입니다.

● 부정적 정서를 견딜 수 있는 힘

옵티미스트도 기분 상하는 일들을 겪을 수 있습니다. 옵티미스트도 우울해질 수 있고 불안해질 수도 있습니다. 문제는 그것을 견디는 힘이 다르다는 것입니다.

우울해지고 쓸쓸해지는 부정적인 정서를 견디지 못하는 사람들이 많이 있습니다. 기분이 나쁠 때 화를 내야 하고, 물건을 집어 던지거나, 난리를 쳐야 하는 사람이 있습니다. 술, 마약, 도박에 빠지는 많은 사람들이 이렇게 기분 나쁜 것을 잘 견디지 못하고 다른 식으로 해결하려고 하는 사람들입니다.

영어로 술을 Spirit이라고 표현하기도 합니다. 영혼, 정신이라는 의미의 이 단어를 쓰는 것에는 깊은 의미가 담겨 있습니다. 바로 영혼을 술로 바꾼다는 의미입니다. 자신의 영혼을 술로 바꾸지 않고는 견딜 수 없는 사람은 결국 알코올 중독이라는 비참함을 맛보게 됩니다.

좋지 않은 일이 생기고, 아무리 기분이 나빠져도 원상태로 회복할 수 있는 힘이 바로 '리질리언스'이고, 이것은 옵티미스트가 가진 훌륭한 자질 중의 하나입니다.

현대에서 사용되고 있는 거의 모든 것을 발명했다고 해도 과언이 아닌 토마스 에디슨에게서 그 좋은 예를 찾을 수 있습니다.

에디슨은 나이가 들어서도 항상 불철주야 실험에 몰두하고 있었습니다. 아들과 함께 발명품을 만들고 있던 어느 날 화학약품들이 잘못 섞이면서 큰 불이 번져서 실험실이 전소되는 큰 화재가 일어났습니다. 에디슨의 아들은 간신히 건물에서 빠져나와 혹시 아버지가 빠져 나오지 못했을까봐 전전긍긍하고 있었습니다. 천신만고 끝에 아버지를 만난 에디슨의 아들.

"아버지, 너무 걱정했어요. 괜찮으세요?"

에디슨은 불을 열심히 바라보더니 급하게 말했습니다.

"애야, 가서 어머니를 빨리 모셔오너라"

"네, 왜요?"

"네 어머니는 워낙 작은 마을에서 자라서 이렇게 큰 불은 한 번도 구경한 적이 없거든. 이 구경거리를 놓치면 아쉬울 거야."

"…"

잠시 후 모든 것이 다 타버리고 나자 에디슨이 입을 엽니다.

"애야, 트랙터를 가지고 있는 사람을 알고 있니?"

"네, 왜요?"

"이제 우리 실험실을 다시 지을 때가 되었잖니. 어서 다시 시작하자!"

● 적응력

옵티미스트는 언제 어디서나 사람들과 잘 어울립니다. 원래 익숙한 곳에만 가는 것이 아니라 생전 처음 가는 곳에서도 적응을 잘합니다. 환경이 사람을 바꾸는 것보다 사람이 환경을 바꾸는 힘이 더 클 수 있습니다. 부자가 되었을 때는 부자로서, 가난하게 되었을 때에는 가난한 사람으로서 살아갈 수 있습니다.

"아, 그때가 좋았는데", "그때로 다시 돌아갈 수 있다면"이란 말은 옵티미스트와는 어울리지 않는 말입니다. 옵티미스트에게는 현실이 가장 중요합니다. 지금 이 순간보다 더 중요한 때는 없습니다. 지금 처해 있는 상황이 어떻든 잘 적응하는 힘을 가지고 있습니다.

언제 어디에 있더라도 낙관적인 태도를 보이므로 주변에 좋은 영향을 끼칠 수 있는 사람이 옵티미스트입니다.

● 신념

옵티미스트는 굳은 신념을 가지고 있는 사람입니다. 자신의 내면 속에 가지고 있는 강력하고 좋은 힘(Good Power)을 믿습니다. 자신이 잘 해나갈 수 있을 것이라는 신념을 가지고 있습니다. 자신의 선한 힘이 남을 변화시키고, 환경을 변화시킬 수 있다는 것을 믿습니다. 산이라도 옮길 수 있다고 믿습니다.

믿는 대로 이루어진다는 것은 놀라운 일이 아닙니다. 교육학에서 유명한 개념인 '피그말리온 효과(Pygmalion Effect)'가 바로 그것입니다.

피그말리온은 그리스 신화에 나오는 조각가의 이름입니다. 뛰어난 조각 기술을 가졌던 그는 자신이 만든 조각상과 사랑에 빠진 나머지 신에게 조각상에 생명을 불어넣어 주기를 간청했습니다. 신은 그의 간절한 소망에 감동해서 그의 부탁을 들어 주었다고 합니다.

결국 피그말리온 효과란 한 개인의 기대와 믿음이 현실로 드러나게 된다는 현상입니다. 여러 현장에서 이러한 것이 사실이라는 것이 입증되고 있습니다.

같은 성적과 능력을 가진 학생들을 동등하게 나누어서 한쪽은 선생님에게 뛰어난 아이들이라고 알려주고 다른 한 집단은 열등한 아이들이라고 알려주고 학습을 시켰다고 합니다. 그 결과는 선생님들이 우수한 아이들이라고 믿었던 아이들이 훨씬 뛰어난 성취를 이루었다는 것입니다.

될 것이라고 믿고 또 실제로 이루어내는 것이 옵티미스트입니다.

● 헌신

옵티미스트는 헌신합니다. 자신의 깊은 곳에 거대하고 선한 힘이 있다는 것을 알고 있기에, 그리고 그 거대한 힘으로 언젠가는 어려운 일을 이겨낼 수 있을 것이라고 믿기에 헌신할 수 있습니다.

사자는 아무리 약한 짐승을 잡아먹더라도 최선을 다합니다. 최선을 다하지 않고서는 아무리 강한 사자도 굶어 죽을 수밖에 없습니다. 어슬렁거리면서 게으름을 피우는 것 같지만 먹이를 향해 달려가는 순간만큼은 혼신의 힘을 다 합니다. 이렇게 헌신해야만 살 수 있다는 것이 자연 세계에서는 당연한 일입니다.

그러나 실제 세상에서 자신의 모든 것을 바치도록 헌신하는 사람은 많지 않습니다. 옵티미스트는 매사에 최선을 다합니다. 자신이 옳다고 믿는 것에 모든 것을 바칠 수 있습니다.

● 남을 도와 줄 수 있는 힘

옵티미스트는 헬퍼(Helper)입니다. 남을 도와줄 수 있는 사람입니다. 남을 돕는 것이 결국은 자기를 돕고 세상을 좋게 만든다는 것을 알고 있습니다.

또한 옵티미스트는 리더입니다. 많은 리더들이 다른 사람을 이용하고 관리해서 자신의 목적을 달성하고자 합니다. 하지만 그들이 잊고 있는 사실이 하나 있습니다. 사물은 '관리하는(manage)' 것이지만 사람은 '리드하는(lead)' 것이라는 진리입니다. 진정한 리더십은 상대를 사랑하는 힘에서 나옵니다. 사랑이란 타인을 향한 감정이 아니라 타인을 향한 행동입니다.

● 확실한 애착 관계

애착 관계는 엄마와 자식의 관계처럼 완벽하게 믿으면서 온전히 사랑을 주고받는 관계입니다. 애착 관계가 확실하게 이루어진 사람은 안정적입니다. 이것이 불완전한 사람은 안정된 대인관계를 맺지 못하고, 기본적인 신뢰가 흔들리는 수가 많습니다. 누군가 자신에게 잘해주어도 그 저의를 의심합니다. 반면에 조금만 자신에게 소홀해도 그 분노감과 좌절감, 상실감을 견디기 어렵습니다.

옵티미스트는 사람에 대해 확실한 애착 관계를 형성하고 있습니다. 타인을 자신의 소유로 생각하는 것이 아니라 하나의 독립된 개체로서 사랑을 주고받는 대상으로 여기며 존중합니다.

● 목표 지향성

옵티미스트는 대충대충 살지 않습니다. 확실한 목표가 있습니다. 자신이 살면서 꼭 이루고 싶은 것, 이 세상에 존재하고 있는 의미, 삶의 목적을 미션(Mission)이라고 합니다. 이 미션을 이루기 위해서 앞으로 10년 혹은 20년 후에 무엇을 이루어야 하는가 하는 것을 비전(Vision)이라고 합니다. 요즈음 성공한 많은 기업들이 미션과 비전을 경영에 도입하고 있습니다. 기업의 존재 가치(Value) 개념을 도입합니다.

예를 들어 IBM은 '고객의 성공', '혁신', '신뢰와 개인적 책임'을 최고로 지향하는 가치로 두고 있습니다. 이를 위해서 기업 전략도 짜고 경영 방침을 굳힙니다.

소니는 '직원들이 행복하고 열정적으로 일하는 일터'라는 것이 중요한 목표입니다. 그래서 직원들의 신체적, 육체적인 건강을 돌보는 것이 회사의 주요한 방향이 되어 있습니다.

국내 회사에서도 마찬가지입니다. 초일류 기업을 지향하고 있는 삼성과 같은 경우에는 '최고의 제품과 서비스'를 통해 '더 나은 글로벌 사회'를 이루는 것이 가장 중요한 가치입니다.

보다 구체적으로 목표를 정한 기업도 있습니다. 기업의 사회 환원으로 유명한 유한양행과 같은 경우는 '가장 좋은 제품의 생산', '성실한 납세', '기업 이윤의 사회 환원'을 목표로 하고 있으며 이것을 충실히 수행하고 있습니다.

이런 미션, 비전, 존재 가치가 꼭 기업에만 적용되는 것일까요?

옵티미스트는 확실한 목표를 가지고 있습니다. 자신의 미션, 비전, 존재 가치가 정리되어 있습니다. 그리고 그 목표를 향해서 자신의 삶을 차근차근 진행하고 있습니다.

● 자기 효용성

옵티미스트는 쓸모없는 일에 자신을 소진하지 않습니다. 필요한 일에는 최선을 다하고 의미 없는 일은 포기할 줄도 압니다. 집중과 선택은 기업이나 연구에만 적용되는 지혜가 아닙니다. 삶의 효용성을 높여야 제한된 자원을 이용해서 많은 성과를 거둘 수 있습니다. 자기가 쓸 만하다고 믿고 있기 때문에 투자를 적절하게 합니다. 또한 시간도 적절하게 씁니다.

위에서 말한 이런 모든 요소들은 힘든 일이 닥쳤을 때 원래 상태로, 아니 그보다 더 강건하고 더 센 모습으로 되돌려 주는 역할을 합니다. 옵티미스트는 어려운 일을 당하면 당할수록 더욱 강해집니다.

6장 |

변화의 출발은 바로 당신

삶에 지쳐 하루하루를 살고 있는 한 직장인이 있습니다. 이른 아침 만원 지하철을 타고 출근해 하루 종일 상사에게 욕을 먹고, 마감과 업무 부진의 스트레스 속에서 하루를 마무리 합니다. 불평 불만에 가득 찬 다른 동료들과 거나하게 소주를 마시고 덜컹거리는 막차를 타고 집으로 돌아갑니다. 하지만 집에 들어선 순간 사랑하는 가족들이 그를 향해 율동과 함께 노래를 부릅니다.

"아빠, 힘내세요! 우리가 있잖아요!"

'아, 그래 내겐 가족들이 있었구나, 힘내야지. 파이팅!'

그는 그제서야 얼굴을 활짝 펴고 웃습니다.

한 광고 속의 이야기입니다. 아름다운 가족의 사랑이야기라고도 할 수 있지만 어찌 보면 지쳐 있는 이 나라 가장들의 희망, 그들의 목표가 가족의 행복이라는 것을 암시하는 내용일 수도 있습니다.

내가 살아가는 진짜 이유는 무엇일까요? 사랑하는 아내 때문에, 아이 때문에 살고 있는 것일까요? 물론 그런 삶이 가치 있는 삶일 수도 있습니다. 정말 기쁜 마음으로 가족들을 위해서 살 수 있다면 얼마나 좋을까요? 가족을 위해, 친구를 위해, 혹은 불우한 이웃을 위해 희생하면서 살아도 충분히 행복한 사람들이 있습니다.

하지만 그런 것은 문제가 아닙니다. 짓눌리면서 정말 이렇게 살고 싶지 않아 하면서도 질질 끌려가면서 살고 있는 것이 아닌지 살펴봐야 합니다.

카프카의 소설 《변신》에서 주인공 그레고리는 어느 날 아침 깨어보니 벌레로 변해 있었습니다. 그는 가족의 생계를 위해 원하지도 않는 일을 하며 하루하루를 불안과 우울 속에서 살아왔습니다. 그런 현실의 무게가 그레고리의 어깨를 짓누르고 결국 그는 벌레로 변하여 삶을 마감하고 맙니다.

의무감, 체면, 타성, 강요… 아무리 가족이라도 내 자신이 아닌 누군가가 내 인생을 좌지우지하는 한 옵티미스트로의 변화는 불가능합니다.

옵티미스트로의 변화는 철저하게 자기 자신만이 할 수 있는 일입니다. 부모도, 가족도, 그 누구도, 이 책조차도 당신을 옵티미스트로 바꾸어 줄 수는 없습니다. 오직 당신 자신만이 당신을 바꿀수 있습니다.

배에 힘을 잔뜩 주고 다음 문장을 소리 내어 읽어보십시오.

"나는 나의 능력을 가장 잘 사용할 수 있는
이 지구상의 유일한 사람입니다."

내 인생의 주인공은 바로 나입니다. 그 누구도 자신의 인생에서 조연인 사람은 없습니다. 자신이 주인공인 만큼 변화를 가져오게 하는 주체도 바로 자기 자신이어야 합니다.

너 자신을 알라

소크라테스 때부터 사람들은 '너 자신을 알라'라고 외쳐왔지만 막상 자기 자신을 아는 것은 그리 쉬운 일이 아닙니다. 우리는 대부분 별 생각 없이 무의식적으로 어떤 행동을 하는 경우가 많습니다.

양말은 어느 쪽부터 신는지, 러닝셔츠부터 입는지 팬티부터 입는지, 양치질은 오른쪽 이부터 하는지 왼쪽 이부터 하는지. 사소한 일 같지만 실제로 나라는 사람은 늘 같은 방식으로 행동하고 생각하고 느끼고 있습니다. 그동안 살아온 세월의 흔적이 그대로 배어 있는 것입니다.

이렇게 버릇처럼 하는 행동과 태도 속에 내가 배어 나옵니다. 옵티미스트가 되기 위해서는 내가 어떤 사람인지를 먼저 알아야 합니다.

그렇다면 과연 사람이 사람을 정확하게 알아볼 수 있는 방법이 있을까요? 현재까지 통용되고 있는 방법만 놓고 본다면 절대 불가능합니다. 아무리 완벽한 방법을 사용한다해도 어느 한 사람을 완전하게 알아 볼 수 있는 길은 없습니다.

한의학에서는 사람을 사상 오행에 의해서 분류할 수 있다고 합니다. 소위 체질 분류입니다. 하지만 이 세상에 있는 60억 명의 사람을 분류하면 과연 몇 가지로 나눌 수 있을까요? 태양인, 태음인, 소양인, 소음인 이렇게 각기 15억 명씩 나누면 될까요?

11가지 정신과 진단에서 나오는 성격 경향으로 구분하면 세상에는 성격이 같은 사람이 5억 명씩 있는 것일까요? B형 혈액형을 가진 사람들은 과연 서로 같은 성격을 가졌을까요? 전갈자리인 사람은? 소띠인 사람은 어떨까요?

사람의 종을 구분할 수 있는 유일한 방법은 남자와 여자로 구분하는 방법뿐일 듯합니다. 적어도 장기는 다르기 때문입니다. 자궁이 있고 없고, 난소가 있고 없고, 고환이 있고 없고의 확실한 차이가 있습니다. 요즈음에는 남녀 사이에는 확실한 차이가 있으며 여자에 대해서는 여자를 위한 치료가 따로 있다는 성인지학이라는 것도 도입되고 있습니다. 하지만 트랜스 젠더나 게이, 양성애자의 경우에는 어떻게 구분해야 할까요? 이렇게 분명해 보였던 것조차도 잘 구분되지 않는 수가 있습니다.

사람은 그렇게 간단하게 분류될 수 있는 존재가 아닙니다. 자신을 안다는 것은 '도' 의 경지라고까지 할 수 있습니다. 그러면 내가 나를 아는 것은 완전히 불가능한 일일까요? 내가 어떤 사람인지 아는 일은 포기해야 하는 것일까요?

물론 그렇지는 않습니다. 지금까지 알아왔던 방법들로도 충분히 좋은 정보를 얻을 수 있습니다. 병원에 가서 검사를 하면 그럴 듯하게 들립니다. 하지만 이것만으로는 전부를 다 알 수는 없습니다. 이럴 때 쓸 수 있는 방법이 바로 심리학에서 이야기하는 '사례 설계' 방법입니다.

먼저, 내가 어떤 사람일 것이라는 가설을 세웁니다. 나란 인간은 이런 점이 문제구나, 이런 것은 참 잘 하는구나, 이런 일은 잘 못하는구나… 이렇게 차츰 차츰 만들어 나가는 것입니다. 그런데 문제는 부정적인 생각을 가진 사람은 이것도 부정적으로 만들어 나간다는 것입니다. 실제와는 상관없이 자기 생각대로 만드는 수가 많습니다. 이것을 조심해야 합니다. 자기가 생각했던 것과 다른 증거가 나오면 즉시 설계를 바꾸어야 합니다.

이 세상 어디에도 변하지 않는 것은 없습니다. '나는 이런 사람이야'라고 틀을 만들어 가두지 마십시오. 사람처럼 변하지 않는 것처럼 보이지만 잘 변하는 것도 흔하지 않습니다. 가설은 항상 바뀌게 되어 있습니다. 규정된 틀 안에서 벗어나 자신의 생각을 항상 바꾸어나가면서 진짜 자기 모습은 어떤지, 어떤 면을 가진 사람인지 알아내는 작업을 해야 합니다. 출발점을 알아야 제대로 떠날 수 있습니다.

최근에는 MBTI나 에니어그램처럼 쉽게 자신의 성품과 기질을 알아볼 수 있는 검사들이 유행하고 있습니다. 나는 사고형이야, 감성형이야, 내향성이 높아, 외향성이 높아 등 이렇게 아는 것이 의미가 있을 수도 있습니다. 그러나 아는 것으로 그친다면 그야말로 아무짝에도 쓸모없게 됩니다.

사람들은 성품은 변하지 않는다고 믿습니다. 그러나 우리가 흔히 우리의 굳어진 성품이라고 믿는 것은 우리의 감정, 행동, 습관인 경우가 많습니다. 그동안 살면서 잘못된 반응으로 만들어진 이런 것들이 우리의 진정한 본질을 왜곡시키고 자신의 가치를 찾지 못하게 만들어 왔습니다.

내가 나를 알게 되면서, 내 성품의 하나하나를 객관적으로 따져볼 수 있게 되면서, 겉으로 드러나는 것이 모두 진짜는 아니라는 것을 알게 될 것입니다. 자신의 본질에 가까워지고 자신의 참된 본질을 발견할수록 가짜들은 자취를 감추게 될 것입니다.

모든 것이 내 책임

'나에게 벌어지는 모든 일에 대한 책임은 100% 내게 있다.' 이 말에 동의할 수 있습니까? 환경의 영향 50%, 내 책임 50%라는 식으로 물러서지 말아야 합니다. 어쩌면 당신은 이 세상에 그렇게 완벽하게 책임질 수 있는 사람이 어디 있느냐고 항변을 할지도 모룹니다. 물론 당신이 모든 일을 아주 완벽하게 책임져야 한다는 말은 아닙니다. 그 누구도 완벽한 책임을 질 수는 없습니다. 완벽은 신의 영역입니다.

지금 내게 일어난 일은 바로 내가 책임을 져야 한다는 말입니다. 나를 둘러싼 모든 것은 내가 책임을 져야 합니다. 어려운 집에서 태어나 돈이 없다고, 조상 탓이라고. 그러나 그것도 내가 책임을 져야 합니다. 비록 술 마시고 노름하고 온 집안의 재산을 다 탕진한 아버지를 두었더라도 내 인생은 내가 책임지고 살아야 합니다.

남 탓, 환경 탓은 결코 문제를 해결하지 못합니다. 비록 진짜 남의 탓 때문에 문제가 생겼을지라도 문제를 책임져야 하는 사람은 나입니다. 남에게 책임을 미루고 싶고, 아니 전적으로 그 사람이 잘못해서 내가 힘들더라도 내 문제를 책임져야 할 사람은 나입니다. 누가 나를 힘들게 했을 때, 그 사람이 비록 세상에서 가장 나쁜 짓을 했을지라도 그 일을 책임져야 하는 것은 바로 나 자신입니다.

옵티미스트는 자신이 하는 일에 대해서 100% 책임을 인정합니다. 이 일에 대해서는 내게 100% 책임이 있으므로 아무도 나를 실망시키지 않으며 나 또한 그 누구도 실망시키지 않습니다. 그냥 내가 선택한 것일 뿐입니다.

나의 태도와 행동을 내가 선택했다고 믿는 것은 매우 중요한 단계입니다. 윗집 사람이 쿵쿵거리고 떠드는 것은 그 사람이 행동을 그렇게 몰지각하게 한 것일 뿐입니다. 그러나 내가 올라가서 초인종을 누르고 한 판 붙는다든지 하는 행동을 한다면 바로 내가 그렇게 하기로 선택한 것이므로 내가 책임을 져야 합니다. 내가 소리를 지르기로, 내가 술을 마시기로, 내가 화를 내기로, 내가 이 길을 가기로 선택한 것입니다.

너무나 행복해 보이는 사람이 있습니다. 그가 한 말은 행복하기로 선택했다는 것입니다. 행복하기로 선택하십시오.

내가 모든 것을 선택했다는 생각은 매우 적극적인 태도입니다. 물론 자신의 선택은 매번 잘못된다고 생각하는 사람들은 주눅 들기도 쉽습니다. 하지만 이런 선택의 반복 속에서 인생이 풍요로워지고 스스로 더 잘 통제할 수 있게 되고 자부심도 강해진다는 것을 믿으면 100% 자기 책임론이 얼마나 유용한지 금방 깨닫게 될 것입니다.

"아, 그때 그 땅을 사놓았으면 부자가 되었을 텐데, 그때 왜 모두 나를 말렸지? 나는 사려고 했단 말이야!"라고 분개하는 사람, 그 땅을 사지 않은 것은 바로 당신입니다. 그 땅을 사지 않아서 기회를 놓친 것은 사지 말라고 말린 옆 사람이 아니라 사지 않았던 바로 당신이라는 것입니다.

옵티미스트로 변화할 것인가는 바로 당신의 선택에 달린 것이며 되고 안 되고의 결과 역시 바로 당신의 책임입니다.

지금 행복하지 않습니까. 바로 당신 때문입니다. 다른 누구도 책임질 수 없습니다. 오직 당신만이 그것에 책임을 져야 합니다. 만일 당신이 행복하지 않다면, 당신 자신이 무언가 변화되어야만 하는 것이지 다른 사람이 당신에게 맞추어야 할 필요는 없다.

인간이란 누구나 자기에게 좋지 않은 일은 다른 사람 탓을 하는 경향이 있습니다. 세일즈맨들은 물건을 팔지 못하면 고객을 비난하려고 합니다. 회사의 간부들은 일이 잘 되지 않으면 아랫사람들을 비난하며, 사원들은 상사들의 무능 탓으로 돌립니다. 말다툼이나 가정에 분쟁이 일어나면 남편은 부인을 비난하고, 부인은 남편을 비난하려고 합니다. 그러나 이런 비난은 아무런 답을 주지 못합니다.

내 책임을 회피하고 남을 비난하면 할수록 처음에는 동조자가 있는 것 같지만 결국은 나와 함께 일하려고 하는 사람이 없어집니다. 반면에 스스로 더 많은 책임이 있다고 믿고 그것을 바꿔야 하는 사람이 자신이라고 하면 할수록 더 많은 사람들이 나를 도와주려 합니다.

내 삶에 책임을 지는 태도는 스스로 행복을 선택하는 태도입니다. 책임을 받아들이면 들일수록 스스로를 긍정적으로 느끼게 되고 보다 더 행복하게 됩니다. 모든 것이 내 탓이야 하면서 죄책감을 가지는 것과는 다릅니다. 누구 탓이 아니라 내가 선택한 것이라는 의식을 가져야 합니다. 어차피 내가 선택한 것이므로 모든 책임은 내가 지는 것이고 그 선택이 별로 좋지 않은 결과로 나타 난다면 다음에는 바꿔서 선택하면 된다고 생각하는 것이 바로 옵 티미스틱한 태도입니다.

자기 자신에 대한 책임을 느끼는 것에서부터 자기 자신의 인생 을 주도적으로 이끌어갈 수 있게 됩니다.

7장

새로운 결심

'반응(Reaction)' 하는 사람과 '창조(Creation)' 하는 사람이 있습니다.

항상 남에게 치이는 사람은 세상에서 주어지는 대로 반응만 하면서 살아갑니다. 물론 환경이 좋을 때는 그것도 나쁘지 않겠지만 환경이 어려울 때는 한없이 어려울 수밖에 없습니다. 세상은 항상 내가 원하는 것과는 다르게 돌아갑니다. 이런 세상에 영향을 받기 시작하면 한없이 힘들 수밖에 없습니다.

옵티미스트는 세상의 흐름에 반응하면서 살아가지 않습니다. 반응이 아니라, 창조하는 삶을 살아갑니다. 스티븐 코비의《성공하는 사람의 7가지 습관》에 나오는 자기 주도적(Proactive)이라는 말이 있습니다. 내가 일어나는 일을 주도하는 것입니다. 반응하는 것이 아닙니다.

어떤 일이 주어지니까 어떻게 반응한다는 것은 결국 공격의 주도권을 잃고 있다는 것입니다. 탁구나 테니스 같은 경기를 하고 있다고 생각해봅시다. 결국은 공격하는 자가 이길 가능성이 많아집니다. 내가 원하는 곳으로 서브도 보내고 공도 보내야 게임을 이끌어갈 수 있습니다. 항상 주도적이 돼야 하며 세상에 끌려 다니지 말아야 합니다.

밖에 있는 조절좌위를 안으로

심리학에서 쓰는 용어 중에 '조절 좌위(Locus of Control)'라는 말이 있습니다. 나를 주도하는 것, 나의 행동을 결정하는 것이 어디에 위치하느냐는 말입니다.

조절 좌위가 밖에 있는 사람이 있습니다. 나의 행동의 주요 부분이 밖에서 영향을 받는 사람입니다. 국선 대상작 앞에는 항상 사람들이 많습니다. 루브르 박물관에 가면 모나리자 앞에 사람이 가장 많습니다. 과연 대상작품이 가장 많은 사람들의 심금을 울려서 일까요? 모나리자가 루브르에 있는 수많은 작품 중에 가장 많은 사람들의 마음에 들어서일까요? 아닙니다. 남들이 좋다니까 좋은 것일 뿐입니다.

우리 주변엔 의외로 이런 성품을 가진 사람들이 많이 있습니다. 귀가 얇다고도 하고 냄비 근성이라고도 합니다. 너무 쉽게 달아오르고, 누가 우하면 주변 사람들도 우하고 몰려듭니다.

물론 좋은 점도 있습니다. 우리나라의 경제를 이끌고 있는 이동전화기 열풍, 인터넷 열풍 같은 것은 이런 것이 십분 발휘된 것이라고 할 수 있습니다. 옆의 사람이 가지면 나도 가져야 하고, 앞집 사람이 하면 나도 해야 합니다. 명품도 아무리 짝퉁이라도 남들이 가지면 나도 하나쯤은 가져야 한다고 생각합니다.

대부분의 사람들은 물론 이런 경향을 가지고 있습니다. 자동차에 대한 이런저런 정보를 잔뜩 찾아보고서도 옆의 친구가 "어, 그 차 브레이크가 밀려" 하면 그 차에 대한 생각은 브레이크가 밀리는 몹쓸 차로 각인됩니다. 이런 경향은 인생을 사는 데에도 막대한 영향을 줍니다. 남이 좋다는 것에 따라다니고 휩쓸리는 격입니다.

조절 좌위가 안에 있는 사람도 있습니다. 남들이 뭐라든 자기가 좋은 게 좋은 것입니다. 독불장군처럼 보이지만 멋있는 사람입니다. 남들이 아무리 유행을 이야기해도 자기가 좋은 게 좋은 것입니다. 이런 사람은 당연히 스트레스에 강합니다. 웬만한 파도에는 끄덕도 하지 않습니다.

뉴올리언즈를 초토화시킨 허리케인 카트리나가 몰아치는 와중에도 의연하게 LNG 하역을 무사히 마친 우리나라 유조선 같은 위용을 과시합니다. 파도야, 쳐라. 나는 내 할 일을 한다. 주변 여건에 반응하지 않으니까 내 할 일을 할 수 있습니다. 반응이 아닌 창조를 하는 것입니다.

옵티미스트의 조절좌위는 철저하게 안에 있습니다. 어떠한 일이 닥쳐도 내 안에서 스스로 감당해낼 수 있습니다.

비전은 크고 높게

비전은 꿈입니다. 보는 것입니다. 꿈꾸지 않고 보지 않는 것은 결코 이룰 수 없습니다. 앞으로 몇 년 혹은 10~20년 사이에 어디를 바라보아야할 것인가 하는 것이 바로 비전입니다. 미션이 지향해서 가야 할 목적지라면 비전은 중간 목표점이라고 할 수 있습니다.

서울을 출발해서 부산까지 가는 중이라면 대전에는 언제 도착하고, 대구는 언제 지나야 할 것인지 계획을 세워야 합니다. 지금 보는 것보다 더 큰 것을 봐야 합니다. 보는 만큼 열리는 것입니다.

새로운 틀을 만들어야 합니다. 무작정 꿈을 꾸라는 것이 아닙니다. 바라보라는 것입니다. 바라보고 있으면 길이 보입니다. 그 길로 가야 합니다. 가다가 길이 막히면 그 자리에 앉아서 쉬어도 됩니다.

아무리 어두워도 결국 길은 보이게 되어 있습니다.

비전은 라틴어 Videre에서 나온 말로 내면의 이미지를 말하는 것입니다. 내면에 이미지를 가지고 있으면 그대로 이루어집니다. 비전이 없는 사람은 아무것도 이룰 수 없습니다. 앞으로 어떻게 하겠다는 생각을 갖고 비전을 갖춘 사람만이 원하는 것을 이룰 수 있습니다.

같은 아파트라도 전망(View)이 좋은 곳과 그렇지 못한 곳의 가격차는 엄청납니다. 사람에게도 비전이 있느냐 없느냐에 따라 그 사람의 가치에 차이가 날 수밖에 없습니다.

　나는 옵티미스트이고 행복하기로 선택했다는 비전만 있다면 그것만으로도 옵티미스트로 변화돼 더욱 더 행복해질 수 있습니다.

8장 |
유명한 옵티미스트들

우리 주변엔 많은 옵티미스트들이 살고 있습니다. 물론 모든 면에서 완벽한 옵티미스트는 없을 수도 있습니다. 다만 옵티미스트는 삶을 옵티미스틱하게 살겠다고 결정한 사람들이므로 그런 요소를 갖춘 사람들은 많이 찾아볼 수 있습니다. 옵티미스트의 개념을 보다 명확하게 하기 위해서 널리 알려진 유명한 옵티미스트들을 찾아보겠습니다.

하인즈 워드

'김영희'라는 여인이 주한미군으로 복무하던 흑인 병사를 만나 결혼하고, 아이까지 낳은 것은 모두 가난 때문이었다. 한 끼 먹으면 다음 끼니를 걱정하던 시절에 먹는 것을 해결하기 위해 미군과 살림을 차렸고 1976년 아들 하인즈를 낳았다.

미국으로 온 것이 1977년. 미국 도착 1개월 만에 남편과 헤어졌다. 매달 200달러씩 양육비를 받도록 되어 있었지만 남편은 일절 돈을 보내오지 않았다. 이역만리 타국인 미국에서 영어도 못하고 변변한 직업 없이 몇 가지 육체노동을 번갈아 하면서 어린 하인즈를 키우는 것은 쉽지 않았다.

어린 하인즈에게 경제적인 어려움보다 더 큰 아픔은 혼혈아라고 놀림을 받는 것이었다. 친구들로부터 놀림을 받으면서 마음이 상할 수밖에 없었던 하인즈는 어머니를 기피하기도 했지만 자식 몰래 흘리는 어머니의 눈물에 감동을 받은 후에는 '옵티미스틱' 한 생각을 할 수 있게 되었다. 혼혈로 태어난 것을 인정하면서 자신이 처한 환경의 장점을 찾아나가기 시작했다.

같은 일이라도 밝게 보려는 하인즈의 태도는 학교에서도 유명했다. 포레스트 파크 고등학교 재학 당시 하인즈는 인기 만점의 학생이었다. 뛰어난 운동 실력, 잘생긴 외모, 여기에 우수한 학과 성적까지 그에 대한 여학생들의 관심은 끊이지 않았다.

"없는 살림에 뭐가 자꾸 없어져요. 주니어(어머니가 부르는 하인즈의 애칭)가 자기보다 어려운 친구에게 준다며 다 들고 간 겁니다. 고교 졸업식 때 축구팀 코치가 '워드의 점심은 내가 다 샀다'고 합디다. 매주 20달러를 점심 값으로 줬지만 늘 다른 친구에게 줬다는 거예요. 요즘도 대학 친구 가운데 프로팀 진출에 실패한 친구에게 돈도 주고 차도 사 줍니다. 하지만 그게 능사는 아니잖아요. 정이 그리운 탓이겠지만 친구를 사귀는 방식 때문에 빗자루로 때려 준 적이 몇 번 있어요."

어머니의 말이다. 어려움 속에서도 남을 먼저 생각하는 태도와 그의 트레이드마크인 환한 미소도 이미 이때부터 형성되었다. 어머니가 늘 강조했다던 "겸손하라", "감사하는 마음을 가져라", "남들에게 대접받고 싶은 대로 대접하라", "열심히 일하라" 등이 모두 다 오늘날의 옵티미스트 하인즈 워드를 만드는 밑거름이 되었다.

그는 와이드 리시버 포지션의 대기록이라고 할 수 있는 한 시즌에 1,000야드 리시빙 기록을 5년 연속 기록했고, 2002년에는 리시빙과 터치다운 부분에서 팀 최고를 기록했다. 드디어 2006년에는 NFL 슈퍼볼 최우수 선수(MVP)로 선정되어 세계적으로 유명하게 되었다.

어려운 환경 속에서 거친 운동을 하면서도 미소를 잃지 않았던 하인즈 워드. 결국 팀을 승리로 이끌면서 최우수선수가 되었어도 승리의 덕을 팀 동료나 코치에게 돌리는 모습을 보면서 많은 사람이 감동을 받았다.

박지성

대표팀의 막내로 참가한 2002년 월드컵에서 신기에 가까운 멋진 골로 포르투갈을 누르고, 16강 진출의 쐐기를 박으며 새로운 스타로 태어난 박지성. 그가 2005년 6월 잉글랜드 프리미어리그 최고의 인기 구단인 맨체스터 유나이티드(이하 맨유)에 입단했을 때 영국 언론들은 그의 가치를 '아시아 지역 마케팅 차원에서 티셔츠를 팔기 위해 데려온 동양의 꼬마' 정도로 폄하하였다. 그러나 박지성은 웨인 루니, 루드 반 니스텔루이, 크리스티아누 호나우두 등 쟁쟁한 스타플레이어들과 함께 그라운드를 누비면서 주전 자리를 꿰찼고, 38경기 중 34경기에 출전해 1골 6도움을 기록했다. 데뷔 첫 해에 세계 최고의 무대에서 거둔 놀랄 만한 성적이었다.

축구선수로서는 작은 체격의 박지성은 어린 시절 체격을 키우기 위해 개구리를 잡아먹어야 했다고 한다. 초등학교 6학년 때 '차범근 축구상'을 탈 만큼 재능은 갖췄지만 체격이 작아 주목을 받지 못했다.

박지성의 자서전에는 다음과 같은 부분이 있다.

"학창시절 내내 왜소한 체격 때문에 콤플렉스에 시달렸다. 체격이 문제라면 기술로 승부하자는 결심으로 한순간도 공과 떨어지지 않으려고 노력했다. 축구공은 내 신체의 일부분이었다. 공만 있으면 집 주변이나 방 안이 모두 훈련장이었다. 공을 몰며 뛰고 또 뛰었다."

이렇듯 '성실한 연습벌레' 박지성은 좋은 기량과 함께 뛰어도 뛰어도 지치지 않는 강철 체력을 갖춘 선수로 거듭나게 되었다. 맨유 메디컬 테스트에서 심폐기능이 마라톤 선수와 같다는 평가를 받을 정도의 놀라운 체력은 이런 과정을 통해 길러졌다.

모든 감독들이 박지성을 좋아한다고 한다. 경기 내내 뛰고 또

뛰는 박지성이야말로 모든 감독이 탐내는 선수이다. 박지성의 움직임은 정말 방대하다. 맨유에서 '맨유의 신형엔진', '번개 같은 침략자', '3개의 폐를 지닌 선수'라는 별명을 얻을 수 있었던 것은 그가 재능보다는 뛰어난 성실함으로, 헌신적인 열정으로 살아가는 옵티미스트였기에 가능한 일이었다.

맨유에서도 격일로 2시간씩이나 영어공부를 하면서 영국 무대에 적극적으로 적응하려는 의지와 성실함을 보여 오히려 현지인들이 더 많은 감동을 받았다고 한다. 퍼거슨 감독을 비롯해서 동료 선수 누구와도 아무런 문제를 일으키지 않고 구단 직원들도 그의 열정과 예의 바른 모습에 칭찬을 아끼지 않는다.

스타플레이어답지 않게 겸손하고 차분한 성격으로 주변 사람들에게 기분 좋은 미소를 전달해주고 있는 박지성. 그는 확실한 옵티미스트이다.

인순이

동두천에서 흑인 미군 병사의 아이로 태어난 인순이는 18세 때부터 먹고 살기 위해 노래를 시작했다. 한국처럼 혼혈아에 대한 박해가 심한 나라에서 그것도 흑인 혼혈아로 살아온 그녀의 상처는 한두 가지가 아닐 것이다. 그러나 그녀는 특유의 옵티미즘으로 이러한 어려움을 이겨냈다.

"처음 방송할 때 곱슬머리라는 이유로 출연을 거부당한 적이 있다. 그래서 모자를 쓰거나 머플러로 묶는 식으로 나 스스로를 감춰야 했다. 하지만 그것으로 인해 심한 상처를 받거나 하진 않았다. 조숙해서 그랬는지 모르지만 '남들이 나에게 거부반응이 있을 수 있겠구나' 하고 이해했다. 그땐 우리도 외국사람 보면 신기했으니까…. 약간의 섭섭한 감은 있었지만 '이해할 수밖에 없는 걸…' 하고 스스로 위로했다."

그녀는 혼혈로 받은 설움과 관련해서 "우리가 150% 노력을 해도 효과는 90%밖에 나타나지 않는다. 그래서 우리는 항상 2등밖에 안 된다고 생각해온 게 사실이다. 다른 사람보다 훨씬 더 많이 노력해야 하는 의무감이 늘 존재한다. 지금의 내가 있는 것도 연습벌레처럼 연습을 했기 때문이다.

잠재력이 뛰어난 혼혈인이라도 환경의 제약 때문에 포기하는 경우가 있는가 하면, 그것(혼혈인) 때문에 더 악착같이 노력하는 경우도 많다"라고 말했다. 이런 철저한 연습이야말로 그녀를 장기간 히트 가수로 뛸 수 있게 만들어 준 원동력이라고 할 수 있다.

어려움 속에서도 인순이는 국내 혼혈아동복지기관인 '펄벅재단'에서 15년 이상 봉사활동을 계속 하고 있다. "어렸을 때 내가 그 재단으로부터 학비를 받고 공부했다. 성공하면 반드시 봉사를 해야겠다고 생각해왔다.

내가 할 수 있는 일이라는 게 고작 공연 수익금을 나눠주거나 혼혈 아이들을 상담해 주는 정도인데, 혼혈 사회에서는 '돈'에 대한 보상보다 '성공모델'이 더 필요하다는 걸 깨달았다. '저 사람도 나 같은 환경에서 자랐지만 성공했으니 꼭 저렇게 돼야지' 하는 식 으로 말이다. 그래서인지 아이들 앞에서 더 열심히 사는 모습을 보여줘야 했고, 더 조심스럽게 살아야 한다는 신념도 생겼다."

그녀가 한 말이 마음에 남는다. "사람들은 장미꽃을 보면서 가시나무라는 것을 문제 삼는다. 하지만 나는 가시나무에 그렇게 예쁜 꽃이 피었다는 것을 신기하게 생각했었다." 그야말로 옵티미스틱한 생각의 대표적인 모습이다.

이지선

2000년 7월 30일 밤 11시 30분, 한강로 1가. 한 음주운전자의 자동차가 6중 추돌의 대형 교통사고를 냈다. 이 사고의 최대 피해자는 당시 23살의 여대생 이지선. 차량추돌로 인한 화재로 그녀는 전신에 심각한 화상을 입었다.

그녀는 죽음의 문턱에서 시달리다가 간신히 살아났지만 무릎 위로 온몸에 화상을 입어 얼굴은 형체를 알아볼 수 없게 되었고, 양손의 손가락까지 절단해야만 했다. 얼굴 전체 화상을 입은 화상 환자들의 경우 대개 자살을 생각하고 실제로 그렇게 하기도 한다. 그러나 그녀는 그곳에서 극적인 회복을 해낸다.

"세상은 제게 끝이라고 말했습니다. 전신 55%에 3도 화상, 온몸을 미라처럼 감은 붕대… 누구라도 그렇게 생각할 수밖에 없을 겁니다. 하지만 인생의 끝이라고 하는 그 지점에서, 더 이상 내려갈 곳이라고는 없는 '바닥'에서, 저는 새 삶을 시작할 수 있었습니다.

바닥에서 희망을 찾았고, 그 소중한 희망이 힘이 되어 저를 일으켰기 때문입니다. 지금 저마다의 바닥을 경험하고 계신 분들께 정말 큰 소리로 말씀드리고 싶습니다. 이제 당신께는 올라갈 일만, 시작할 일만, 좋아질 일만 남았다고. 바닥에서 찾아낸 그 소중한 희망은 분명 당신을 살게 할 것입니다. 그 희망 속에서 꿈꾸는 당신의 인생은 환하게 빛날 것입니다."

의료진마저 거의 포기한 상황에서도 그녀는 결코 절망하지 않고 자신의 모습을 '있는 그대로' 끌어안기 시작했다. 가족들의 헌신적인 사랑과 친구들의 한결 같은 우정, 얼굴도 이름도 모르는 숱한 이웃들의 따뜻한 격려, 그리고 무엇보다도 그녀가 사랑하는 하나님의 은혜에 힘입어 더 이상 내려갈 곳이 없는 바닥을 훌훌 털고 일어났다.

모두가 끝이라고 말하던 순간에 이미 그녀는 '새로 얻은 삶'을 시작한 것이다. 사고 이후 힘겨웠던 십여 차례 이상의 수술 과정을 넘기면서 새로 얻은 삶에서 만끽하기 시작한 행복한 일상을 담은 책《지선아 사랑해》는 2003년 '네티즌이 뽑은 올해의 책'에 선정되었고 그 해의 베스트셀러가 되며 일본과 대만에서 번역 출간되었다.

"조금씩 시작해서 뜻 있는 분들과 함께 사랑을 모아 저와 같은 아픔을 겪는 분들에게 보탬이 되고 싶습니다"라고 밝혔던 그녀의 옵티미스틱한 작은 소망은 어느덧 기적처럼 현실이 되어가고 있다.

박대운

교통사고로 6살 때 두 다리를 잃은 박대운은 연세대 재학시절
인 1998~1999년에 2002년 한일 월드컵의 성공적 개최를 위하여
무동력 휠체어로 유럽 5개국 2,000km가 넘는 거리를 횡단했고 한
국과 일본을 종단해 화제를 모았다.

2004년 자서전 《내게 없는 것이 길이 된다》를 발간했고 KBS
폭소클럽에서 '바퀴달린 사나이'를 진행하며 개그맨으로 인기를
모았다. "장애인에 대한 인식을 바꾸는 데 제 역할이 있었다고 느
낄 때가 있어요. 그것만으로도 의미 있는 작업이었다고 생각합니
다"라며 개그맨의 보람을 털어놓았다.

"처음에는 많이 힘들었습니다. 너무 모르고 시작해서 그런지
무대가 점점 두려워지더라고요. 그래서 포기하려고 했던 적도 있
습니다. 그런데 중간에 그만두면 시작하지 않은 것만 못하다는 생
각에 다시 마음을 다잡았어요."

방송출연을 계기로 그에게는 다른 꿈이 생겼다. 바로 프로그램
연출자가 되는 것. "방송국 시험에 응시할 생각입니다. 최근 방송
에서 예전보다 자주 장애인을 다루고는 있지만 장애인은 단순히
취재원이기 때문에 이것만으로는 장애인의 목소리를 내는 데 한
계가 있어요. 장애인에 대해 많이 아는 사람이 프로그램을 만든다
면 그 한계가 조금이나마 극복될 것이라고 생각합니다. 요즘 방송
국 입사시험은 나이제한도 없고 전공도 신문방송학이라 한번 도

전해 보려고 합니다."

그처럼 남에게는 굴레밖에 되지 않는 환경을 탓하지 않고 그만의 삶을 살아내고 있는 옵티미스트가 박대운 씨다.

이승복

체조 연습 중 사고로 척추 손상을 입어 사지마비 장애인이 된 이승복, 그에게 사고는 한순간에 일어난 비극이었다.

여덟 살 때 가족과 함께 이민을 간 뒤 자신의 존재를 인정받고자 기계체조에 전념하던 1983년 7월. 전미 올림픽 상비군에 포함될 정도로 올림픽 체조 유망주로 주목받던 이 씨는 공중회전을 하다 턱을 땅에 박고 추락했다. 이때 입은 척추 손상으로 그는 사지마비 선고를 받았다. 이 씨에게 당시 기억은 돌이키고 싶지 않은 시간들이다. 하지만 그는 그대로 가라앉지 않았다.

"병실로 회진을 온 의사들은 제 몸 이곳저곳을 쿡쿡 찔러보고 '이 사람은 다시 걸을 수 없다' 는 이야기를 아무렇지도 않은 듯 하곤 했죠. 그리고 알아들을 수 없는 전문용어로 자기네들끼리 의견 교환을 하는 거예요. 마치 내가 실험실의 동물이 된 것 같은 느낌이었습니다. 그때 결심했습니다. 그들과는 다른 의사가 되겠다고…."

그리고 그 꿈은 이루어졌다. '사지마비 장애인이 무엇을 할 수 있겠느냐' 는 주변의 시각을 비웃기라도 하듯이 되고 말겠다는 옵티미스틱한 생각으로 그는 각고의 노력 끝에 컬럼비아대학교 의대와 다트머스대학교 의대, 하버드대학교 의대를 거쳐 최고 병원으로 꼽히는 존스홉킨스대학교 병원의 재활의학 수석전문의가 됐다.

긴 터널 같았던 치열한 의대 공부와 전문의 과정을 마치고 마침내 꿈을 이룬 순간이었다. 결국 그는 '그들과는 다른 의사가 되겠다' 는 자신과의 약속을 지킬 수 있었다.

그가 절망에 빠진 사람들에게 하는 한 마디는 옵티미스트가 아니면 할 수 없는 말이다.

"고통은 삶의 한 부분이며 누구에게나 고통은 찾아온다는 것, 그 사실을 받아들이면 인내심이 길러지고 인내심이 길러지면 인성이 갖춰집니다. 그리고 믿음이죠. 지금의 고통이 영원하지 않으리라는 믿음…."

옵티미스트들에 대한 사례는 끝이 없을 것입니다. 물론 맷집이 강하다고 해서 때려도 아프지 않은 것은 아닐 것입니다. 그러나 어떤 사람들은 매를 맞고 쓰러져서 일어나지 못하는 사람이 있고 어떤 사람은 매를 견디어 내고 오히려 스스로를 단련하는 계기로 삼는 사람이 있습니다.

옵티미스트가 된다는 것은 이렇게 어려운 일을 당해도 오히려 더 강해질 수 있는 사람이 되는 것입니다.

이제까지 기나긴 강의를 듣기만 했다. 물론 맞는 이야기일 수도 있다. 그러나 과연 어떻게 하라는 것인지 알 수가 없다. 이론만 가지고 말로야 그럴듯하지. 하지만 어떻게 해야 옵티미스트가 될 수 있다는 말인지 궁금해졌다.

나는 손을 들고 강사에게 물었다.

"좋습니다. 이해가 가는 부분도 있고 그렇지 않은 부분도 있지만 대략 뜻은 알겠습니다. 그러나 도대체 어떻게 해야 옵티미스트가 될 수 있는지는 도무지 모르겠습니다."

맞습니다. 강의만 들어서는 도저히 옵티미스트가 될 수가 없습니다. 그래서 개발한 프로그램이 '옵티마 9', 즉 옵티미스트가 되는 길입니다. 이 프로그램은 여러분에게 옵티미스트가 될 수 있도록 실제적인 방법을 알려드릴 겁니다.

이제부터 프로그램을 소개하겠습니다. 이 부분은 단순히 강연을 듣는 것이 아닙니다. 실제로 느끼면서 실행을 해야 합니다. 옵티미스트가 되고자 하는 분은 남아주십시오. 이제부터 프로그램을 실행할 것입니다.

옵티마 프로그램이 무엇일까? 정말 효과가 있을까? 더 행복해지고 싶고, 좋은 사람이 되고 싶다. 과연 어떤 방법을 알려줄지 궁금하다.

Part 2는 내가 들은 프로그램의 내용이다.

Optimist

Part 2
행복의 길을 찾고 싶으세요?

이제부터 소개하는 옵티마 9 프로그램은 옵티미스트가 될 수 있는 구체적인 실천 방법이다. 9가지라니! 기가 질리는 사람도 있을 것이다. 9개의 원칙으로 되어 있는 옵티마 9의 단계를 모두 다 하나씩 밟아야 하는 것은 아니다.

옵티미스트는 삶의 태도이다. 무언가 일이 잘 되지 않을 때 9가지의 통로가 있으니 그 통로를 타고 들어가 생각을 하거나 실천을 할 수 있다는 개념이다. 잘하고 있는 부분보다는 그렇지 못한 부분을 구분하여 개인적으로 특히 강화하는 훈련을 하는 것이 좋다.

옵티마 9은 크게 3가지 단계로 이루어져 있다. 도입단계와 완성단계, 그리고 확인단계이다. '세 가지 잡아야 하는 것'으로 구성된 도입단계, '세 가지 해야 할 것'으로 이루어진 완성 단계가 중요한 핵심이다. 그러면서 틈틈이 확인단계인 '알아야 할 것 세 가지'를 시행하는 것이 옵티마 9 프로그램의 주축이다.

생각을 잡자

예전에 일산에 살았을 때의 일이다. 일산에서 직장이 있는 여의도로 가는 길은 아주 훌륭한 드라이브 코스이다. 특히 뜨는 해를 바라보며 아침 일찍 출근할 때면 가슴이 뜨거워지는 것을 느낄 수 있다.

오래 전 은사 한 분이 "집은 직장보다 서쪽에 두라"는 말씀을 하셨다. 뜨는 해를 보고 출근하고, 지는 해를 보고 퇴근해야 진정한 삶을 살 수 있다는 말씀이었다. 서울이야 빌딩 숲과 매연에 가리어 해가 뜨는지, 지는지 알기가 쉽지 않지만 매일 뜨는 해를 보고 출근하고, 지는 해를 보면서 퇴근할 수 있다면 삶에 대해서 다른 자세를 취할 수 있을 것이다.

일산 – 여의도간 출근길이 바로 그 몇 안 되는 출근길이다. 그렇지만 간혹 그 상쾌한 출근길을 망치는 일도 있다. 양화대교 부근까지 오면 공식명칭은 모르겠지만 아직도 발전을 하고 있는 화력발전소가 있다. 간혹 발전을 하느라 불을 땔 때면 아주 시커먼 연기를 뿜어낸다. 멀리서부터 그 매연을 볼 수 있는데 이것을 보는 날이면 가슴까지 답답해진다.

상쾌하게 뜨는 해를 바라보며 시작했던 출근길이지만 가스굴에 들어가는 것처럼 호흡까지 이상해지는 느낌이다. '아, 너무 답답하다. 이렇게까지 안 좋은 공기를 마시며 일하러 가야 하나?' 하는 생각이 들면서 기분이 나빠진다.

늘 비슷한 느낌을 가지고 다니던 어느 초 여름날, 그날도 멀리서 희뿌연 연기가 가득 보이기 시작했다. '아, 저 가스' 가슴이 또 답답해졌다. 숨이 막히는 것 같았다.

운전을 하고 점차 그 연기에 가까워졌을 때, 세상을 뒤집는 일이 벌어졌다. 늘 가스라고 생각했었는데, 가까이 가서 보니 그게 아니었다. 그 때가 바로 월드컵이 우리나라에서 열린 때였다. 상암 경기장 앞에 거대한 바지선을 이용한 분수가 생겼고 그 연기는 분수에서 뿜어내는 물줄기였던 것이다.

그렇게 가슴이 답답하고, 짜증이 나던 마음이 물줄기라는 것을 알게 된 순간 너무도 간사하게 탁 트이면서 행복감이 밀려들었다. 포르투칼도 이기고, 이태리도 깨고, 스페인도 부수고, 승승장구로 나아가던 우리 대표팀을 떠올리며 "대~한민국"을 크게 외쳤다.

일체유심조(一切唯心造), 모든 것은 마음에서 만들어진다. 목이 마른 상태에서 단물이라고 들이킬 때에는 해골바가지 속의 썩은 물도 그렇게 달 수가 없고, 그것을 알아챈 순간에는 온 내장이 뒤집어지도록 토해낼 수밖에 없는 것이 우리, 사람이라는 진리를 깨우친 순간이었다.

생각을 재창조하자

생각도 일종의 버릇이다. 생각은 하던 대로 나온다. 이렇게 한 가지 방향으로만 흐르던 생각을 다른 쪽으로 바꾸는 것은 쉬운 일은 아니다. 사람의 두뇌는 원래 쓰던 방식대로만 움직인다. 그게 가장 편하기 때문이다. 가장 옳은 것은 아닐지 몰라도, 더 좋은 다른 방법이 있을지 모르더라도, 그냥 하던 대로 하려는 관성이 있다.

생각도 마찬가지이다. 늘 하던 대로 생각하게 된다. 머릿속에는 엄청난 생각이 나타났다가 없어졌다 한다. 하루에 사람은 몇 가지의 생각을 할까. 믿거나 말거나이지만 어떤 사람이 세어 보았단다. 약 오만 가지의 생각을 한단다. 그러나 이런 생각은 어느 날 갑자기 기발하게 드는 것이 아니라 항상 그 밥에 그 나물인 것처럼 비슷한 생각이 들다가 또 들다가 그러는 것이다.

생각은 어떻게 보면 케이블 TV하고 비슷한 면이 있다. 수백 개의 방송국이 있고 수백 가지의 방송을 하고 있지만 실제로 방영이 되는 것은 몇 개에 지나지 않는다. 드라마도 하고, 영화도 하고, 스포츠도 하고, 쇼도 하지만 내가 보고 있는 것은 홈쇼핑 방송 단 한 가지, 일기예보 방송 한 가지에만 고정되어 계속 그것만 보게 된다.

한 가지 생각에 고정이 되면, 이렇게 한 번 채널이 고정이 되면 다른 채널로 바꾸는 것이 거의 불가능해진다. 아니 아예 다른 채널이 있다는 사실 자체를 망각하기 일쑤다.

이렇게 완고하게 굳어진 고정관념을 핵심사고, '스키마'라고 한다. 이 스키마는 일종의 붕어빵을 만드는 틀과 같다. 어떤 모양의 밀가루를 넣어도, 앙꼬를 넣어도 나오는 것은 같은 모양의 붕어빵이다. 어떤 자극이 들어와도 생각하는 것은 마찬가지가 된다.

이런 고정의 틀을 바꾸는 것이 바로 재창조이다. 지금까지의 생각을 완전히 깨버리는 과정을 거쳐야 재창조가 일어난다.

생각이 전부다

생각은 우리 삶의 핵심이다. 옵티미스트가 되는 가장 중요한 단계이자 가장 많은 시간과 노력을 기울여야 하는 분야이다. 생각을 바꾸지 못하면 아무것도 할 수 없다는 굳은 신념으로 이 부분을 집중적으로 훈련해야 한다.

● 옵티미즘의 힘을 믿어라

옵티미스틱한 생각의 힘은 대단하다. 같은 정도의 심각한 심장마비에 걸린 사람들, 즉 심장에 피를 보내주는 관상동맥이 비슷한 정도로 막힌 사람들이 살아남는 정도를 비교해보니 옵티미스틱하게 생각하는 사람들이 훨씬 생존률이 높았다. 치명적인 병에서 살아남는 것을 포함해서 옵티미즘의 힘은 예상을 뛰어넘는 효과를 발휘한다.

옵티미스트가 비관주의자보다 우울증에 강한 것은 당연한 사실이다. 직장이나 학교, 혹은 운동경기, 사업 등에서 더 많이 성취하는 사람도 옵티미스트라는 것 역시 옵티미즘의 힘을 보여주는 이야기이다.

이런 예 중에 아주 유명한 연구가 하나 있다. 하버드 법대 1학년 학생들을 인터뷰해서 그들의 특성을 조사했다. 그리고는 30년 동안 그들을 추적해서 어떤 인생을 사는지를 알아보았다. 이들이 나중에 사회적으로 얼마나 성공했는지, 돈은 얼마나 벌었는지, 얼마나 건강한지 등을 조사해서 그러면 과연 어떤 변수가 이들을 변화시켰는가 하는 것을 조사한 것이다.

부모가 돈이 많은 것이나 백인인 것, 공부를 잘 한 것, 머리가 좋은 것 중에 도대체 어떠한 것이 미래의 성공을 보장하는 원인인가 알아본 것이다.

그러나 조사 결과 이 모든 것은 성공, 부, 명예, 건강 등과는 별 상관이 없었다. 유일하게 관련이 있던 변인은 놀랍게도 '낙관성'이었다. 세상을 얼마나 낙관적으로 보는가가 그 사람의 미래의 성공을 결정하는 것이었다. 옵티미즘 여부가 평생을 좌우하는 것이다.

● 생각은 바뀔 수 있다

생각은 바뀌지 않는다고 믿는 사람이 있다. 물론 어떤 사람은 어느 정도 선천적인 낙관주의자일 수도 있다. 그러나 완벽한 옵티미스트로 태어나는 사람은 없다. 진정한 옵티미스트는 끊임없는 훈련을 통해 만들어 나가야 한다.

어떤 한 가지 사건에 대해서 혹은 상황에 대해서만 낙관적으로 보는 것이 아니라 이 세상을 사는 동안 내내 옵티미즘을 발휘할 수 있도록 하기 위해서는 옵티미즘이 몸에 배도록, 무슨 일을 당해도 반사적으로 옵티미즘이 나타나도록 해야 한다.

현재의 나는 과거의 총합이다. 내가 지금 비관적이라면 비관적인 경험이, 비관적인 생각이, 비관적인 태도가 나를 이렇게 만들어 왔다고 할 수 있다. 그렇다면 지금부터라도 옵티미스틱한 태도를 배우고, 익히고, 연습하고, 몸에 쌓이게 한다면 얼마의 시간이 지나고 나서 나의 미래는 현재 모습들의 합이 될 것이다.

매사에 긍정적이고 낙관적이며 최선을 다하는 자세로 훈련하는 특공대가 되는 것이 옵티미스트 본연의 임무이다. 스스로 생각할 때 낙관적이라고 생각하는가? 그렇다면 비행기를 탈 수 있는 시간이 얼마 남지 않았다. 곧 비행기를 타고 옵티미스피아로 떠날 수 있을 것이다.

스스로 비관적이라고 생각하는가? 지금은 뒷줄에 서있다. 그러나 여기서 돌아서서 나가버리지 않는 한 결국 비행기를 탈 수 있다. 기다리자. 몸에 익히고 연습하자.

● 생각을 바꾸면 내가 바뀐다

사람들이 보는 세상은 다 같을까. 놀라운 사실은 내가 보는 세상과 바로 옆의 사람이 보는 세상이 다를 수도 있다는 것이다.

사람이 지각하는 세계는 정확한 세계 자체가 아니라 그 스스로가 자각하는 세계일뿐이다. 어느 누구도 진짜 세상을 보는 것이 아니라 자신의 '뇌'를 통해서 세상을 받아들이고 있다. 따라서 문제는 이 뇌가 어떻게 생각하느냐에 따라 변화될 수 있다.

얼마 전에 한 TV 방송사와 재미있는 실험을 한 적이 있다. 전원일기란 프로그램에서 영락없는 시골 청년으로 열연했던 응삼이, 탤런트 박윤배 씨가 실험 대상이었다. 전산화 뇌파를 찍으면서 뇌파실 창 밖에 바람잡이들을 모았다. 사람들이 창문 너머 누워있는 응삼 씨를 향해 들릴 수 있도록 수군거린다. "야, 저 사람이 응삼이래, 어머, 어머, 저 사람 너무 좋지 않니? 너무 인간적인 것 같아. 저 사람이 진짜 원조 얼짱이래. TV에서 보던 것보다 훨씬 잘 생겼다. 인간성도 너무 좋단다. 주변 사람들이 다 칭찬한대."

이런 칭찬 일변도 속에서 그의 뇌파를 찍어서 분석해봤다. 소위 안정되고 편안한 상태에서 늘어난다는 알파파가 뇌에 가득 나타나는 것을 볼 수 있었다. 뿌듯하고 평안한 상태라는 이야기다.

이제는 새롭게 짠 바람잡이조가 모였다. 이들은 무조건 욕하는 사람들이다. "야, 저 사람, 너무 웃기게 생기지 않았니? 저 꼴에 원조 얼짱이래. 좀 이상한 것 아니니? 어쩌면 저렇게 이상하게 생길 수가 있니, 저 쌍꺼풀 좀 봐라, 징그럽다 얘, 저 사람 인간성도 아주 더럽단다."

이런 욕을 들어가면서 찍은 뇌파를 분석해보니 아니나 다를까 알파파가 훨씬 줄어들었다. 뇌의 상태가 변하는 것이다. 이렇게 뇌의 상태와 마음의 상태는 실시간으로 서로 영향을 주고받는다.

이런 사소한 생각의 변화가 뇌를 바꿀 수 있다는 것은 두뇌 과학에서는 별로 놀라운 이야기가 아니다. 얼마 전에 우리 실험실에서 실험한 결과, 사랑하는 사람을 볼 때는 단순히 이성 친구를 볼 때보다 두뇌가 더 활성화되는 것을 알 수 있었다.

사랑하는 사람을 봤을 때 가슴이 두근거리고 얼굴이 달아오르는가? 사랑을 잃었을 때 가슴이 뻑적지근해지면서 아파오는가? 이 모든 것이 뇌의 변화를 통한 신체의 변화이다. 생각의 변화는 뇌를 변화시키고 뇌가 변화하면 신체가 변하고 신체가 변하면 사람이 변한다.

생각의 변화는 뇌를 변화시킨다. 이 변화된 뇌는 두뇌와 신체를 연결하는 신경계-면역계-내분비계를 통해 온 몸에 영향을 준다. 확실히 건전한 정신이 건강한 몸을 만들어 내는 것이다. 단순히 뇌의 활동만 변하는 것이 아니라 뇌에서 나오는 물질이 변화된다는 것은 잘 알려진 사실이다. 쥐에게 스트레스를 엄청 주고 괴롭히자 뇌에서 나오는 특수한 신경 생장 물질인 BDNF가 확 줄어들었다. 스트레스는 이렇게 뇌를 괴롭힌다.

이것과 관계된 재미있는 실험이 있었다. 뇌 세포는 과연 재생이 될까, 안될까. 대부분의 사람들이 어른들의 뇌 세포는 재생되지 않는다고 배웠다. 그러나 최근 과학의 발전에 따라 어른의 뇌 세포도 재생이 된다는 사실이 밝혀졌다.

그런데 이러한 뇌 세포도 스트레스를 받고 힘든 환경이 계속되면 새로 만들어지던 생산과정이 중단된다. 그러다가 스트레스가 줄어들면 뇌 세포가 다시 살아나기 시작한다. 이렇게 새로운 세포가 생겨나고 두뇌가 활성화되면서 건강한 뇌와 건강한 몸을 만들어가는 것이다.

뇌가 활성화되는 것에 대한 대단한 실험이 있었다. 히로뽕이라는 마약이 있다. 의학적으로는 덱스암페타민, 필로폰이라고 하는 것인데 맞으면 '뽕 간다' 는 의미여서 그런지 일본식 발음인 히로뽕으로 통하고 있는 마약이다.

이 마약은 뇌를 활성화시킨다. 사람을 흥분되고 어쩔 줄 모르게 만든다. 기분이 좋아지고 그야말로 극치감을 맛보게 된다. 한번 뽕맛을 본 사람은 헤어나기가 어렵다.

우리가 일반적으로 경험할 수 있는 극치감은 성행위에 의한 오르가즘이다. 보통 이 오르가즘이 얼마나 지속되는지 생각해본 적이 있는가? 이런 것도 누가 시간을 재본 사람이 있나 보다. 평균 남성의 오르가즘 지속 시간이 7초란다. 사실 이 7초의 쾌감을 누리기 위해 얼마나 많은 남성들이 오늘도 돈을 쓰고 시간을 쓰고 정열을 기울이는지.

그런데 이 뽕이라는 것을 하면 무려 15분이란 시간 동안 극치감을 느낄 수 있다고 한다. 7초를 기뻐하기 위해 그렇게 애를 쓰던 사람이 이 15분의 극치감을 맛보고 나면 그 유혹에서 벗어나는 것은 아예 불가능할지도 모른다.

하지만 마약에 의한 활성화는 자연스러운 활성화 방법이 아니기 때문에 뇌가 견디지를 못한다. 극치감이란 결국 뇌에서 나오는 호르몬 같은 것이 쏟아지는 것이다.

약을 통해 이러한 호르몬을 쏟아지게 할 수는 있지만 뇌 호르몬은 생산해낼 수 있는 한계가 있다. 아무리 마약을 많이 해도, 용량이 늘고 자주 해도, 언젠가는 한계에 다다르게 된다. 마른 스폰지에서 물을 쥐어짜는 격이다.

결국 이렇게 오랫동안 뽕을 쓴 사람들은 뇌가 결단난다. 더 이상 쏟아져 나올 호르몬이 없어지면서 뇌가 망가지기 시작한다. 결국은 뇌에 구멍이 뚫릴 정도로 엉망이 되고 치매가 되어 인생을 망치게 된다. 15분에 인생을 걸지 말자. 스스로 뇌에 구멍을 파는 행위는 하지 말자.

자, 여기서 중요한 점은 이렇게 히로뽕, 즉 암페타민이 뇌를 엄청나게 활성화시키는 효과가 있다는 것이다. 물론 장기적으로는 뇌를 망치는 것이지만 어쨌든 활성화시키기는 한다. 그런데 히로뽕보다 뇌를 더 활성화시키는 것이 있다. 바로 '새로운 것'을 찾을 때이다. 무엇인가 새로운 일을 하는 것, 새 것을 향해 가고 있을 때 뇌는 반짝반짝 빛이 나고 활성은 올라간다.

생각이 모든 것을 바꿀 수 있다. 옵티미스트가 된다고 생각하면 되는 것이다. 될 수 없다고 생각하면 도저히 될 수 없다. 크게 외치자. 나는 옵티미스트가 된다!

지금 기내 방송이 흘러나오고 있다.

"행복이 넘치는 옵티미스피아로 향하는 비행기에 탑승하신 여러분, 저는 여러분을 옵티미스피아로 안전하고 빠르게 모실 기장입니다. 여러분은 옵티미스트라는 '새로운 세상'을 향하고 있기에 모두의 머리는 이렇게 빛나고 있습니다. 여러분 인생에서 가장 훌륭한 선택을 하신 것입니다. 그럼 곧 이륙하겠습니다."

생각을 바꾸면 행동이 바뀌고
행동을 바꾸면 습관이 바뀌고
습관을 바꾸면 인격이 바뀌고
인격을 바꾸면 운명이 바뀐다.

– 새뮤얼 스마일즈

마음을 잡자

지금 자신의 마음 상태를 살펴보자. 나의 감정이, 기분이 어떤지 살펴보자. 오늘 하루 어떻게 지냈는가, 좋은 기분이 들 때와 나쁜 기분이 들 때를 구분해보자. 기분의 문제 때문에 일을 그르친 적이 없는지, 기분 때문에 스스로 상처를 받은 적이 있는지, 남에게 상처를 준 적이 있는지 생각해보자. 이번 단계에서 대표적인 감정 몇 가지와 그에 대한 해결법을 알아보자.

우울

우울은 쉽게 말해 자신의 배터리가 방전된 상태이다. 배터리가 방전되면 단순히 우울한 것 말고도 엄청나게 많은 증상들이 생길 수 있다. 귀찮고, 재미없고, 좋은 일이 없고, 낙이 없고, 잠을 잘 못 자거나 너무 많이 자거나, 많이 먹거나 혹은 밥맛이 없거나, 여기저기가 아프거나, 집중이 잘 되지 않는 등의 매우 다양한 모습을 보이게 된다. 실제로 배터리가 떨어져서 생기는 증상이므로 사람이 가지고 있는 모든 영역의 증상이 생긴다고 생각해도 된다.

우울은 정신세계를 녹슬게 한다. 자존심은 낮아지고 죄의식은 높아지며, 사람들과의 관계도 나빠진다. 항상 희망이 없고 스트레스를 잘 처리하지 못하므로 사는 것이 어려워진다.

우울은 옵티미스트와는 반대의 길을 걸으면서 부정적이고 비관적인 생각을 하게 된다.

첫째, 자기 자신을 부정적인 존재로 보기 때문에 자신을 결점이 많고 부적절하며 연약하고 아무것도 아닌 존재로 여기며 평가절하한다.

둘째, 지금까지의 경험을 부정적으로 해석하는 경향 때문에 자신이 겪은 모든 일들을 극복 불가능한 장애물로 본다. 아무것도 극복할 수 없으니 항상 패배감과 박탈감에 휩싸이게 된다.

셋째, 미래에 대해 부정적인 관점을 가진다. 현재의 어려움이나 고통이 무한히 계속될 것이고 곤경과 좌절이 영원히 지속될 것이라고 생각한다. 결국 자신은 항상 실패만 할 것이라고 생각한다.

지금 괴롭다고 자살하는 사람은 별로 없다. 그러나 이런 괴로움이 앞으로 전혀 달라지지 않고 영원히 지속될 거라고 믿으면 자살을 실행하기도 한다. 심한 우울이 자살로 연결되는 경우가 많은 이유가 바로 이것이다.

우울하다면 지금 그 감정 속에 숨어 있는 것이 무엇인지 생각해보자. 감정을 해결하는 쉬운 방법은 감정 속에 빠져 있는 것이 아니라 그 감정을 유발하는 생각의 틀을 바꾸는 것이다.

이 세상에 완벽한 불행은 없다. 아무리 여건이 힘들고 어려워도 살아갈 방법은 있기 마련이다. 그렇지만 우울해지면 옵티미스틱한 생각이 없어지므로 세상의 어두운 면만 보게 된다. 우울한 사람은 새까만 색안경을 쓴 채로 인생을 바라본다. 그렇다고 검은 안경을 벗고 모든 것을 행복하게 볼 수 있는 장밋빛 색안경을 쓰라는 것은 아니다. 그저 검은 색안경을 치워버리고 현실을 똑바로 바라 볼 수만 있으면 된다.

무작정 긍정주의자가 되자는 것이 아니다. 세상이 좋든 나쁘든 간에 현실을 정확하게 바라보고 옵티미스틱한 태도로 어려움을 이겨내자는 것이다.

옵티미스트로 가기 위해서 버려야 할 것은 완고하고 융통성이 없는 생각이다. 매사를 '해야만 돼', '반드시 그럴 거야', '꼭', '틀림없이', '절대로' 하려고 하면 분노, 공포, 상처, 죄책감, 무가치함 같은 부정적인 감정이 나타날 수밖에 없다. 세상은 선 대 악, 옳은 것 대 틀린 것, 빛 대 어두움의 양분법적인 것이 아니라 그들 간의 긴 연속선상의 어디에선가 살아가는 것이다.

'자주', '때로는', '거의', '양쪽', '혹은', '둘 다'와 같이 융통성 있게 살아간다면 인생은 보다 현실적인 것이 되고 살아갈 만한 것이 된다. 완벽보다는 우수한 것을 추구하게 되는 것이다. 완고함이 아니라 인내를 연습하는 것이다.

세상에서의 삶은 어떠한 것이어야 한다고 고집부리는 것이 아니라 내가 좋아하는 것을 하는 것이다. "나는 꼭 ○○가 필요하다", "나는 반드시 ○○를 가져야 한다"라는 생각을 "○○하고 싶다", "나는 ○○를 원한다"라는 식으로 바꾸어야 한다. 인생은 끝없는 투쟁이 아니라 이리저리 움직이고 적응하면서 살아나가는 것이다.

생활 방식을 좀 바꾸는 것도 우울을 없애고 옵티미스틱해지는 데 도움이 된다. 요즈음 사람들은 하고 싶은 일이 너무 많다. 사업, 교제, 공부, 종교적인 일뿐만 아니라 심지어는 운동, 취미, 여행, 가족과 함께 보내는 시간 등등 이 지구상에 살아온 수많은 인류 중에 단위 시간 당 가장 많은 일을 처리해야 하는 사람들이 바로 우리들이다.

이렇게 이런저런 셀 수도 없는 많은 일을 하다보니 오히려 일에 대한 기쁨과 만족을 느끼기는커녕 하지 못한 것에 대한 죄책감만 커지는 경우가 많다. 일은 반드시 해야만 하는 것이라는 생각을 버리고 그냥 할 수 있는 것은 하고 할 수 없는 것은 내버려 두자. 나는 살기 위해서 태어난 것이지 일을 하려고 세상에 태어난 것이 아니다.

우울해지면 몸이 구부정해지고 고개를 푹 숙이게 되고, 어깨도 축 늘어지게 된다. 마치 자신의 어깨 위로 온 세상의 무게를 다 짊어진 모습이다. 영어로 우울은 Depress 이다. 누군가 위에서 누르고 있다는 것이다.

이렇게 눌리는 것을 해결하기 위해서는 자세를 바꾸어야 한다. 고개를 들고, 어깨를 펴고, 심호흡을 하는 것만으로도 기분이 나아질 수 있다. 또 부정적인 생각에 빠질 때마다 소리를 지르든지, 창 밖을 보거나, 꽃향기를 맡아보거나, 사과를 먹거나, 재미있는 책을 읽거나, 노래를 하거나, 시를 쓰거나, 무엇이든 그 순간에서 빠져나올 수 있는 시도를 하는 것이 중요하다.

이외에도 그림, 글쓰기, 바느질, 춤추기, 요리, 정원 가꾸기, 연극, 작곡, 연주, 운동, 음악듣기 등 무엇이든지 재미있고 창조적인 일을 하도록 노력해야 한다.

우울은 정신의 녹이다. 움직이고 사용하는 정신에는 녹이 쓸지 않는다.

세상에서 오직 한 사람만이 여러분을 우울하게, 걱정스럽게 또는 화나게 만들 수 있습니다. 그 사람은 바로 여러분 자신입니다. 이 생각은 여러분의 인생을 바꿀 수 있습니다.

– 데이비드 번즈

불안

세상을 살면서 불안한 감정을 겪어보지 못한 사람은 없을 것이다. 숙제를 안 해가도 불안했을 것이고, 시간에 쫓겨 지각할 것 같을 때, 시험이나 중요한 결정을 앞두고 있을 때와 같이 불안이라는 감정은 누구에게나 수시로 나타나는 기본적인 감정이다. 하지만 과연 불안이 무엇인지 정확하게 말하는 것은 쉬운 일이 아니다.

쉽게 말해 불안이란 '자신에게 위험한 일이 생긴다고 느낄 때 자연적으로 일어나는 정상적인 감정 반응'이다. 예를 들어, 갑자기 큰 트럭이 자신을 향해서 달려드는 것을 보게 된다면 매우 불안한 감정이 생길 것이다.

또한 이유도 알지 못하면서 불안해서 어쩔 줄 몰라 하는 사람도 있다. 불안을 나타내는 정도도 아주 다르다. 아주 가벼운 불쾌감에서부터 견딜 수 없을 정도의 심한 불안도 있다. 잠깐 스쳐 지나가는 듯한 불안도 있지만, 하루 종일 쉬지 않고 나타나는 불안도 있다. 원래 불안은 위험하거나 위급한 상황에서 잘 대처할 수 있도록 하기 위한 정상적인 생존 반응이라고도 할 수 있다.

지금이 원시 시대라고 치자. 길을 가다가 갑자기 맹수와 맞닥뜨렸다. 도망가든지, 아니면 맞서 싸우든지 해야 하는 상황이다. 이런 상태를 만드는 것이 불안이다. 불안해지지 않으면 도망가거나 싸울 필요가 없다. "아이고, 안녕하십니까? 마실 나오셨습니까?"라고 여유작작하다가는 잡아먹힐 수밖에 없다. 불안하니까 도망을 가거나 맞서 싸우는 것이다. 이처럼 원래 불안 자체는 결코 나쁜 것이 아니다.

높은 빌딩에서 유리창을 닦는 경우를 생각해보자. 이럴 때 조심하면서 몸을 사릴 수 있게 만들어주는 것이 바로 불안의 역할이다. 비슷한 경우로 차들이 지나다니는 복잡한 길을 건널 때 앞뒤 좌우를 살피고 조심하게 되는 것도 불안 때문이다.

쉽게 생각하면 불안이라는 것은 일종의 화재경보기나 민방위 훈련시의 사이렌 소리와 같은 것이다. 불안은 무엇인가 자신에게 위험할 것 같은 일이 일어나거나 앞으로 생길 것 같을 때 대비할 수 있도록 자동적으로 나타나는 우리 몸의 사이렌 같은 것이다.

불안해지면 정신을 바짝 차리게 되고, 몸도 빠릿빠릿하게 반응할 수 있도록 준비가 된다. 불안은 어떤 위급상황에서 자신의 몸과 마음을 그 상황에 맞게 준비시키는 역할을 한다. 그 때문에 우리는 조심할 수 있게 된다.

시험을 앞두고는 모두 불안하다. 시험을 망치고 났을 때의 상황이 두려워서 조금이라도 더 공부를 하려고 애쓴다. 만약 시험을 앞두고도 전혀 불안하지 않다면 그 사람은 시험을 잘 볼 확률이 떨어진다.

사람은 어느 정도 긴장되어 있을 때 가장 능률적으로 일을 한다. 그러나 문제는 이런 긴장과 불안이 너무 커져서 정작 해야 하는 일을 방해하는 경우가 있다는 것이다. 언제 어떻게 될지 모르는 그야말로 하루, 아니 한 치 앞의 일도 내다볼 수 없는 우리로서는 불안하다는 것은 아주 당연한 감정이다. 그러므로 불안 그 자체를 부정적 반응으로 여기고 피하려고만 해서는 안 된다.

불안은 우리를 두렵게 만든다. 그러나 이런 두려움이 당연한 것이고 나를 살리려고 하는 것이라는 사실을 깨우치면 극복할 수 있게 된다.

사람은 항상 좋은 것만 보고 좋은 상태만을 원하는 본능이 있다. 그래서 불안해지면 큰일 난 것으로 생각하고 어쩔 줄 몰라 한다. 옵티미스트는 부정적이고 안 좋은 일이 있어도 살아남는 사람이라는 것을 명심하자. 옵티미스트에게 불안은 살아가는 힘으로 작용한다.

회사에서 언제 잘릴지 모르는 불안이 일을 더 열심히 하고 더 성공하게 만들고, 가출할지도 모르는 자식 때문에 불안해지면 더욱 사랑을 베풀 수 있다. 스트레스가 전혀 없다고 좋은 것이 아니다. 물론 스트레스에 너무 치이거나 깔려 있는 것이 좋은 것은 아니지만 적당한 스트레스는 오히려 자기 발전에 도움이 된다.

부러진 다리에 무리한 스트레스를 가하지 않으려고 다리에 깁스를 한 채로 몇 달을 보냈다고 하자. 다리 근육이 쏙 빠질 수밖에 없다. 비록 무거운 체중을 지탱해야 하는 다리이지만 그런 스트레스가 오히려 도움이 되어 왔던 것이다.

살다보면 적당한 스트레스가 꼭 필요하다. 경쟁 상대가 없으면 발전이 더디듯이, 옵티미스트는 인생의 부정적인 요소도 긍정적인 것으로 만들 수 있어야 한다는 것을 잊지 말자.

걱정

'걱정' 이란 말을 모르는 사람은 아마 없을 것이다. 또한 걱정이 없는 사람도 별로 없을 것이다. 걱정이란 원래 '이미 일어난 일이나 앞으로 일어날 일에 대해 반복해서 생각하는 것' 을 뜻한다.

사실 불안처럼 걱정이 그렇게 나쁜 것만은 아니다. 걱정이 전혀 없는 사람은 발전하기 어렵다. 선생님께 야단맞을 것이 걱정돼 숙제를 하고, 부모의 걱정이 듣기 싫어서 공부를 하며, 노후가 걱정돼 저축을 한다.

그러나 걱정이라는 단어에는 일반적으로 보다 부정적인 뜻이 포함되어 있다. 국어사전을 보면 걱정이란 '속을 태우거나 마음을 끓이는 일' 이라고 되어 있다. 즉, 어떤 일에 대해서 냉철하고 객관적으로 생각하는 것이 아니라 부정적인 의미로 나쁘게 인식하고 근심하며 불안하게 되는 현상을 '걱정' 이라 할 수 있다.

현대인들은 걱정과 불안이 가득한 사회 속에 살고 있다. 아득히 먼 옛날 사람들도 걱정으로부터 자유롭지는 못했을 것이다. 동서고금을 막론하고 이런 걱정은 오랜 시간 동안 사람들을 괴롭혀 왔다.

쓸데없는 걱정, 안 해도 될 근심을 이르는 유명한 말인 기우(杞憂)는 기인지우(杞人之憂)의 준말이다. 열자(列子)의 《천서편(天瑞篇)》에 나오는 말로 '杞國有人 憂天地崩墜 身亡無所倚 廢寢食

者(기나라에 한 사람이 있었는데, 그는 하늘이 무너지고 땅이 꺼지면 몸 둘 곳이 없음을 걱정한 나머지 침식을 전폐하였다)'에서 유래한 것이다.

성경에도 '그러므로 내일 일은 걱정하지 마라. 내일 걱정은 내일에 맡겨라. 하루의 괴로움은 그날에 겪는 것만으로도 족하다(마태복음 6:34, 공동번역 개정판)' 라는 말을 포함해서 걱정하지 마라, 염려하지 마라 하는 말들이 가득 차 있다. 어떻게 보면 고대로부터 사람의 삶은 걱정으로 가득 차왔다고 해도 무리는 아닐 것이다.

우선 인류의 근원적인 문제였던 의식주가 걱정거리였을 것이다. 우리의 조상들은 오늘은 무엇을 먹을 수 있을까, 추워지면 살아남을 수 있을까, 맹수가 덤벼들면 어쩌나 등의 많은 걱정거리를 안고 살 수밖에 없었다.

만약 조상들에게 이런 걱정이 하나도 없었다면 후손을 남겼을 가능성이 별로 없다. 걱정이 없으니 음식도, 잘 곳도 제대로 준비하지 않았을 것이고, 맹수도 두려워하지 않아 위험한 상황에 너무 많이 노출돼 쉽게 멸종했을 것이다. 결국 걱정하는 조상을 두었기 때문에 우리가 후손으로써 이 땅에 살아남을 수 있었을지도 모른다.

같은 일을 당해도 어떤 사람은 별 걱정이 없는 반면에 어떤 사람은 세상이 무너진 것처럼 난리를 피우기도 한다.

미국 매사추세츠 대학의 케이건 교수의 연구에 의하면 생태적으로 예민하고 걱정과 짜증이 많은 아이들이 있는데 이런 성향은 나이가 들어도, 심지어는 어른이 되어서도 지속되는 경향이 있다고 한다. 즉, 걱정이 유전적으로 결정될 수 있다는 이야기이다. 물론 환경적인 영향에 의해서 어느 정도는 바뀔 수 있다. 그러나 걱정에 취약한 체질인 사람이 있다는 것은 분명하다.

모든 걱정이 문제가 되는 것은 아니지만 다음과 같은 경우라면 병적인 문제가 아닌가 생각해봐야 한다.

- 오랜 시간 동안 위험과 위협에 대해 불안해 한다.
- 미래에 대해 지속적으로 부정적인 예측을 한다.
- 나쁜 일이 일어날 가능성이나 심각성에 대해 자주 과대 평가를 한다.
- 같은 종류의 걱정을 끊임없이 반복한다.
- 특정한 상황을 회피하거나 주위를 산만하게 함으로써 걱정으로부터 도피하려는 시도를 계속 한다.
- 문제를 생산적인 방법으로 해결하기 위한 방법으로 걱정을 사용하지 않고 걱정 자체가 문제가 된다.

걱정이 병적인 정도로 심해지면 불안, 피로감, 집중력 저하, 편협한 생각, 근육 긴장, 이유 없는 통증, 소화불량, 수면장애, 불편감, 발한 등의 매우 다양한 증상들을 보일 수 있다.

근심과 걱정은 원래는 나쁜 것이 아니다. 걱정을 해결할 수만 있다면 오히려 더 크게 발전할 수 있는 좋은 계기가 될 수도 있다. 대부분의 걱정은 해결할 수 있다는 자신감을 가지고 도전해보자.

문제가 되는 것은 걱정 그 자체가 아니다. 다만 걱정에서 벗어나지 못해 계속 회피하는 것이 문제일 뿐이다.

걱정을 해결하는 방법으로는 크게 생각으로 하는 방법과 행동으로 하는 방법이 있다.

우선 생각으로 하는 방법에 대해 알아보자.

● 집중

걱정을 해결하기 위해서는 집중이 좋은 방법이다. 걱정은 내가 원하지 않아도 계속 떠오르게 마련이다. 따라서 오히려 이것을 역으로 이용해 자신이 능동적으로 걱정에 집중하는 것이다. 걱정거리가 떠오르면 스스로 좋은 생각이나 좋은 일에 초점을 맞추어 집중해본다. 적극적인 집중은 걱정하고 있는 문제를 오히려 명확하게 해준다. 집중은 고요함과 편안한 감정을 증가시키고 별로 중요하지 않은 문제에 신경을 쓰게 되는 것을 막아준다.

● 유도 심상

유도 심상은 어떤 이미지를 유도해낸다는 뜻이다. 이는 상상력을 이용해 편안하게 스스로 일정한 이미지를 떠올리면서 치유하는 방법이다.

마음속에서 어떠한 이미지를 만들어내고 그 이미지를 떠올려 보자. 숲 속에서 길을 따라 걷는 것도 좋고, 계단을 올라가는 것도 좋다. 목표를 하나씩 해결하는 것을 상상하는 것도 좋다. 걱정을 차근차근 해결해나가는 이미지를 연상하는 것만으로도 많은 도움을 받을 수 있다.

● 문제 해결법

문제를 해결할 수 있는 대안을 찾을 때는 매우 구체적이고 세세하게 하는 것이 좋다.

- 걱정거리인 상황을 한 가지만 써보자.
- 이 상황을 나아지게 하거나 해결할 수 있는 모든 일들을 나열해보자.
- 나열한 모든 방법이 실현 가능한지, 불가능한지 알아보자. 실현이 불가능한 경우에게는 'X'로 표시하고 실천하기 쉽지 않은 것에는 '?'를 표시하자. 가능한 것이 있다면 그 옆에 'O'로 표시하자.
- 이중에 'O'로 표시한 사항을 자신이 이행하도록 스스로와 계약을 맺고 구체적인 날짜를 정해서 시행하자.
- 'O'로 표시 한 일을 다 마치고 나면 '?'로 표시한 일들을 해보기로 하고 스스로와 다시 한번 계약을 한 후 구체적인 날짜를 정해서 시행하자.

– 이제는 'X'로 표시를 했던 것들을 다시 한번 살펴보자. 어떤 것은 해볼 만한 것이 있을 수도 있다. 한 번 계약을 해보고 행동에 옮겨보자.

– 일정한 시간이 흐른 후, 상황이 어떻게 변화했는지 살펴보자.

● **부정적인 생각, 태도, 믿음을 옵티미스틱하게 바꾸기**

부정적인 생각은 걱정을 만들어내는 원인이다. 항상 긍정적이고 낙관적인 생활 태도를 가져야 행복한 삶을 누릴 수 있다. 스스로 걱정이 많은 사람이라고 생각한다면 자신의 태도와 생각하는 방식 때문에 걱정이 생긴다는 것을 알아야 한다. 생각을 조금만 변화시키면 걱정을 조절할 수 있다.

걱정을 학문적인 말로 풀어쓰면 '비현실적이고 비생산적인 강박관념적 부정적인 생각과 태도'라고 정의할 수 있다. 비현실적이다. 걱정하는 것은 현실적이지 않다. 머릿속에서 떠오르는 그 많은 비현실적인 안 좋은 일이 실제로 일어난다면 견딜 수 있는 사람은 없다.

대부분의 사람들이 걱정하는 사실은 그대로 일어나지 않으므로 비현실적이다. 설사 현실적이라고 해도 걱정이란 매우 비생산적인 상념이다. 자신에게는 아무런 도움이 되지 않는다. 걱정을 많이 한다고 해서 문제가 쉽게 해결될 수 있는 것은 아니다. 단지 에너지 소진에 지나지 않는다. 비생산적인 일에 빠져있지 말자.

걱정은 태도이다. 그리고 떨쳐내기 어려운 습관일 때가 많다. 그러나 반대로 생각하면 한 번 걱정하지 않는 태도가 만들어지면 계속 유지할 수도 있을 것이다. 부정적 생각이 떠오르면 우선 그것이 부정적 생각이라는 것을 알아내야 한다. 부정적 생각이라는 것 자체를 알아채지 못하면 다음 단계로 나아갈 수가 없다. 어떤 생각이 들어오면 '이 생각이 내게 도움이 되는 생각인지'를 확인해봐야 한다. 대개의 걱정은 '그렇지 않다'가 정답이다.

아무리 부정적인 생각이 들어와도 그것이 정말 믿을 만한 생각인가를 잘 따져보면 거의 다 부정적인 생각에 지나지 않는다는 것을 알 수 있다. 그 다음에는 자신이 가지고 있는 긍정적인 생각을 강화시켜야 한다. 자신과 주변 그리고 세상을 향한 눈을 긍정적이고 낙관적으로 만들어 부정적인 생각이 나오는 것을 자연스럽게 막아야 한다. 진정한 옵티미스트는 걱정 따위에 시간을 보내지 않는다.

다음은 행동으로 걱정을 해결하는 방법이다.

● **걱정에 관해 이야기하기**

혼자서는 도저히 해결하지 못할 정도로 걱정이 된다면 다른 사람과 그 걱정에 대해 이야기를 나누어 보자. 이야기를 나눔으로써 문제를 보다 명확하게 볼 수 있고, 혼자서는 미처 생각지 못했던 차선책을 얻어낼 수도 있다. 어찌되었든 간에 걱정거리를 남에게 이야기하는 것만으로도 걱정을 다스리거나 상황을 호전시키고 해결 방법을 끌어낼 수 있게 된다.

가족, 친구, 동료, 누구라도 좋다. 만약 주변에 그럴 만한 사람이 없다면 정신과 의사를 찾아가라. 바로 그런 걱정을 들어주도록 훈련된 직업을 가지고 있는 사람이 정신과 의사이다.

● 일기쓰기

일기를 쓰는 것은 걱정을 다스릴 수 있는 좋은 방법이다. 마음속에서만 뱅뱅 돌고 있는 문제를 밖으로 끌어내는 역할을 한다. 도대체 왜 이 걱정을 떨쳐내지 못하는지, 그 걱정거리가 암시하고 있는 것은 무엇인지, 앞으로 일어날 수 있는 최악의 상황은 무엇인지, 이 문제를 어떻게 해결할 것인지, 어떤 문제가 그 해결을 어렵게 하는지, 이 걱정이 도대체 왜 나쁜지에 대해서 차분히 되짚어 볼 수 있다.

● 행동으로 걱정을 해결하기

걱정을 줄이기 위해서는 무엇인가 행동을 하는 것이 좋다. 산책하기, 인터넷 서핑, 뜨개질, 달리기 등 가만히 있기보다는 행동을 하는 것이 좋다.

걱정을 줄일 수 있는 것에는 여러 가지 방법들이 있다. 이중에서 자신에게 잘 맞는 방법을 찾아서 시행해보자.

● 걱정시간을 따로 마련한다

하루 종일 걱정만 해대는 사람들은 아예 걱정할 수 있는 시간을 따로 마련하는 것이 좋다.

다른 시간에 걱정이 생기면 '걱정 시간'에 하도록 미루는 것이다. 걱정 시간이 되면 집중적으로 걱정만 하자. 그러나 걱정 시간이 끝나면 모든 걱정을 다음 걱정 시간까지 미뤄 두자.

● 걱정을 다른 사람에게 준다

걱정이 너무 많아서 감당할 수 없을 때는 그 걱정거리를 아예 다른 사람에게 넘겨버리는 상상을 하자.

● 현실 확인

자신이 걱정하고 있는 것이 과연 현실이나 사실에 바탕을 두고 있는 것인지 검토하는 것이 중요하다. 만약에 사실에 바탕을 둔 것이라면 무엇인가 조치를 취하자. 더 이상 조치를 취할 것이 없다면 이미 내가 할 수 있는 건 다 한 것이다. 아무리 걱정해 봐야 소용이 없다. 만약에 사실이나 현실에 바탕을 둔 것이 아니라면 걱정할 필요조차 없다.

● 관심 분산

아무리 걱정을 해도 더 이상 새로운 답이 나오지 않는다면 그 생각은 이제 그만 둬야 한다. 명상, 스트레스 감소, 기분전환 기술,

휴식, 기도, 근육이완법, 호흡기법 등의 기법을 익히는 것도 중요하다.

분노

누구나 한 번쯤 화를 내본 적이 있을 것이다. 물론 그중에 어떤 사람은 사소한 일에도 화를 잘 내고 어떤 사람은 웬만한 일에는 화를 잘 내지 않는다. 분노 또는 화를 낸다는 것은 아주 강한 감정이다. 그야말로 피가 끓어오르는 일이다.

예를 들어 사냥을 하러 나갔다 왔는데 곰이나 호랑이가 집을 습격해서 사랑하는 가족들을 잃었다고 하자. 어찌 피가 끓어오르지 않겠는가? 이때 느끼는 강렬한 감정이 바로 분노이다. 이를 악물고 복수해야겠다는 생각밖에 할 수 없다. 화가 많이 났을 때는 아무런 생각도 떠오르지 않는 게 정상이다. 머리에서 합리적으로 판단하도록 해주던 피가 모두 팔다리로 이동해 싸우기 적절한 상태를 만드는 것이다.

분노는 싸우겠다는 생각과 직접적으로 연결되는 아주 강한 감정이다. 뇌가 정상적으로 작동하지 않으며 몸도 자연스럽게 싸우는 상태가 된다.

이처럼 화는 원래 누군가를 죽이고 싶을 정도로 마음이 끓어오르는 것을 말한다. 이렇게 싸움 모드로 변환되면 결국은 상대방을 죽이기 위한 기가 모이고 이로 인해 자기 자신도 피해를 입게 된다.

단순히 스트레스 호르몬이 올라가도 문제가 되는데 온 몸의 모든 피가 끓어오르고 호르몬이 쏟아져 나오는 상태가 되면 당연히 건강에 해로울 수밖에 없다. 화났을 때 나오는 숨을 모아서 그중에 독성분을 모았더니 몇천 명을 죽일 수 있었다는 말이 순전히 농담 같지만은 않다.

화는 자연스러운 감정이다. 다만 과연 자신이 진실로 화를 내야 하는 경우가 그렇게 많은가에 대해서는 한 번 따져봐야 한다. 정말 상대를 죽여야 할 정도로 분노에 떨 가치가 있는 일인지 생각해보자. 물론 살다보면 기분 나쁜 일이 생기기 마련이다. 그렇다고 해서 과연 그것이 누군가를 또는 나를 '죽여야' 할 일인지는 생각해볼 필요가 있다.

실제로 어떠한 경우에도 '죽이는' 것은 허용되지 않는 세상이다. 그렇기 때문에 결국 분노는 지금 이 세상에 나올 필요가 없는 감정이다. 설사 죽여야 할 정도로 큰 일이 생기더라도 정말 죽일 수는 없지 않은가? 그렇기 때문에 화는 다른 방법으로 풀어야 한다.

분노를 조절할 수 있는 방법에는 여러 가지가 있다. 노래방에 가서 소리를 지르며 노래를 부를 수도 있고, 심호흡으로 분노를 조절할 수도 있다. 또는 차분하게 대화하거나 생각할 수도 있다. 어떠한 방법이든 분노는 다른 방식으로 전환되어야 한다.

하지만 그러한 분노의 전환이 힘들고 어렵다면 마지막으로 남은 유일한 방법은 바로 '용서' 하는 것이다. 용서는 영어로 Forgive 이다. 누구를 '위하여(For), 주어야(give)' 하는가? 바로 자신을 위해서 용서하는 것이다. 도저히 용서할 수 없는 사람들, 사건들에 대해서도 용서할 수 있는 성품을 만들어야 한다. 자신의 평안을 위해서 용서하는 것이다.

아무리 대인관계가 좋은 사람이라도 가만히 생각해 보면 마음속으로 용서하지 못한 사람 몇 명씩은 있을 수 있다. 나도 그랬다. 상대방을 용서하지 못했을 때 그것이 항상 마음에 걸려 그 무엇에도 제대로 집중할 수가 없었다.

우선 누가 왜 나를 괴롭히고 있는지 목록을 만들어 보자. 그 사람이 내 인생에서 얼마나 중요한 사람인지 생각해보자. 용서하지 못하면 다음 단계로 나아가지 못한다. 용서하지 못하는 것은 내 마음이라는 컵에 모래가 들어있는 것과 같다. 그 컵으로 물을 마시면서 살 수는 없다. 이럴 때 유일한 해결 방법은 물을 버려 모래를 씻어내고 다시 깨끗한 물로 채우는 것이다. 마음에 모래 찌꺼기를 두고 살지 말자.

결국 제일 중요한 용서는 자기 자신에 대한 용서이다. 그동안 사람들을 용서하지 못하고 살아왔던 나를 용서하자. 완벽하지 못한 나를 용서하자.

용서해야 내가 산다. 나도 지난 세월, 누군가를 화나게 했던 적이 있을지도 모른다고 생각해보자. 나는 전혀 그런 뜻이 없었지만

나 때문에 이를 가는 사람이 있을 수도 있다. 내가 나를 화나게 한 사람을 용서한다면 나 때문에 화가 난 사람도 나를 용서해줄 것이라고 믿어보자.

잘못한 사람이 먼저 회개하고 사과를 해야 용서해주겠다는 사람들이 있다. 용서해주겠다고 마음먹었다면 기다리지 말자. 먼저 잘못했다고 해주길 기다리고 있다가는 내가 죽는다. 죽기 전에 모든 것을 용서하자.

아니 죽어도 용서 못한다고? 그러면 나의 가치를 생각하자. 나는 귀한 존재라는 것을 잊지 말자. 내 스스로 귀한 것을 해치는 것은 죄악이다. 가치 있는 사람답게 이제는 용서하자.

'눈에는 눈'이란 옛 법을 따르면 우리는 모두 장님이 되고 말 것이다.

　　　　　　　　　　　　　　　　　　　　　－ 마틴 루터 킹

상처 없는 영혼이 어디 있으랴

우리는 누구나 쉴 새 없이 상처를 입고 살아간다. 부모의 말 한마디가, 애인의 태도가, 직장 상사의 호령이, 아이들의 무관심이 모두 다 상처로 다가올 수 있다. 이렇게 누구나 상처를 받는데도 불구하고 자신이 어떤 상처를 얼마나 받았는가는 의외로 알아채기가 어렵다.

몸에 난 상처와 마음의 상처가 다른 것은 몸의 상처는 비교적 쉽게 알아차릴 수 있지만 마음의 상처는 그렇지 못하다는 데에 있다. 몸도 바깥쪽에 난 상처는 겉으로 보면 알 수 있다. 베여서 피가 뚝뚝 흐르는지 아니면 그저 조그마한 상처일 뿐인지 한눈에 금방 알 수 있다. 그러나 우리의 몸은 생각보다 예민하지 못해 내부에 생긴 상처에 대해서는 쉽게 알아챌 수가 없다.

나는 심하게 피곤하거나 며칠 잠을 잘 못 자면 입 안에 구멍이 생기는 궤양이 생기곤 한다. 그러나 구멍이 난다고 바로 알게 되는 것은 아니다. 매운 음식을 먹다가 갑자기 너무 심한 통증을 느끼고는 자세히 들여다보면 그때서야 알게 되는 경우가 많다.

깊은 곳의 상처는 더 알아내기가 힘들다. 위에 난 구멍은 밖에서 알아내기가 어렵다. 실제로 내시경을 해보지 않으면 알 수가 없는 것이다. 증상은 전혀 없었는데도 불구하고 검사를 해봤더니 궤양이나 더 심한 경우 암 덩어리를 발견하는 경우도 있다. 이처럼 우리의 내장은 웬만해서는 허는지, 뚫리는지 잘 알 수가 없다. 심하면 뇌의 실질 자체처럼 없어지더라도 전혀 통증을 느끼지 못하는 수도 있다. 이처럼 사람은 깊은 곳에 있는 상처에 대해서는 알지 못하고 지나가는 수가 많다.

그렇다면 가장 깊은 곳에 있는 상처는 무엇일까. 바로 마음의 상처이다. 우리는 마음의 상처를 치유하기는커녕, 상처가 있다는 것조차도 알아채기 힘들다. 몸에 생긴 외상은 치료가 가능하지만 마음의 상처는 치유가 어렵다. 회복되지 못한 채 깊은 상처로 남아 평생을 괴롭힐지도 모른다.

철학자 헤겔은 "우리 마음의 문을 여는 손잡이는 마음 안쪽에만 달려 있다"라고 말했다. 깊이 박혀있는 상처는 자신이 직접 마음 안쪽에서 문을 열지 않는 한 그 누구도 열 수가 없다.

상처가 있다는 것을 알기도 어렵지만 설사 자신의 마음에 상처가 있다는 것을 알게 되었다고 하더라도 사람들은 이 상처들을 교묘하게 숨기며 살아간다. 자신이 상처를 가지고 있다는 것을 결정적인 단점으로 여기는 것이다.

또한 사람들은 이 단점이 남에게 알려지면 치명적일 것이라고 생각한다. 그래서 필사적으로 숨긴다. 이렇게 숨기면 될 거라고, 남들도 이런 상처쯤은 다 가지고 있을 거라고 위로하면서 스스로를 합리화한다. 그러다가 누군가가 상처를 건드리면 도저히 일어날 수 없는 일이라도 일어난 것처럼 예민한 반응을 보인다.

상처 없는 영혼이 어디 있을까. 상처를 가지고 있다는 것은 결코 결함이 아니다. 아주 자연스러운 현상이고 평범한 사람이라는 증거이다. 부모로부터, 형제로부터, 친구로부터, 연인으로부터 우리는 누구에게서든지 상처를 받을 수 있다. 이런 상처 중에서 어린 시절부터 일생동안 반복되는 상처를 유명한 인지치료자인 제프리 영 박사는 덫이라는 표현을 이용해 몇 가지로 정리했다.

● 기본적 안전감의 상처(버림받음, 불신과 학대)

어린 시절부터 안정되거나 편안하지 못했던 사람이 받은 상처이다. 안전하다고 느껴야만 긴장을 풀고 세상을 믿을 수 있다. 버림받는 것을 두려워하는 사람은 언제나 사랑하는 사람이 죽거나 떠날까봐 걱정하고 상대방이 떠날 것을 염려해 매달린다.

사람들은 늘 왔다가 가버리기 때문에 혼자일 수밖에 없으며 결국에는 모든 것을 잃고 감정적으로 영원히 고립될 것이라고 믿는다.

사람을 믿지 못하고 학대받았던 상처가 있는 사람들은 상대방이 자신을 이용할 것이라고 생각한다. 항상 남들은 나를 배신할 것이며 그 사람들이 상처를 주기 전에 내가 먼저 상처를 줘야 한다고 여긴다. 상처를 줄 것이라고 생각하기 때문에 사람들이 다가오는 것이 두렵다. 사람들이 자신에게 한 일을 생각하면 화가 나기도 한다.

● 타인과의 연대감에서 오는 상처(정서적 박탈감, 사회적 소외감)

사랑, 공감, 관심, 존경, 애정, 이해와 같은 것에 상처를 받은 것이다. 가까운 사람, 가족, 애인, 친구들과의 친밀감을 가지는 데 어려움을 느낀다. 친한 사람들과도 무언가 동떨어진 것같이 생각된다. 또한 더 많이 사랑받고 싶어 한다.

항상 외로움을 느끼며 현재 맺지 못한 관계를 갈망한다. 아무도 자신을 깊이 이해하거나 걱정해주지 않는다고 느낄 수 있다.

세상에서 격리돼 있고 어울리지 못한다고 느낄 수도 있다. 내게 관심을 가져주는 사람이 없다고 생각하기도 한다.

여러 사람이 모이는 곳에서도 수줍어하고 따분해 하기 쉽다. 스스로 매력이 없다고 생각하고 너무 뚱뚱하거나 말랐거나 키가 너무 크거나 작거나 못생겼다고 생각한다. 스스로를 외톨이이며 다른 사람과는 다르다고 여긴다. 항상 모든 사람들과 단절되어 있다고 느낀다.

● **자율성의 상처(의존심, 취약성)**

자율성은 독립적으로 활동할 수 있는 능력이다. 자율성에 상처가 생기면 세상을 무서운 곳으로 여기게 되고 항상 위험과 질병에 대해서 걱정하며 자신의 판단이나 결정에 따라서는 살 수가 없다고 믿게 된다. 자신감이 떨어지고 누군가 강한 사람이 지도해주기 전에는 세상을 살기가 어렵다고 느낀다.

어른이 되어도 항상 아이 같다. 혼자 힘으로는 세상의 험한 파도를 이겨내기 힘들다. 제대로 처리할 수 있는 일이 하나도 없다. 스스로 무능하고 상식이 부족하며 자신의 판단을 믿을 수가 없어서 하루하루 사는 것이 벅차다.

무언가 나쁜 일이 일어날 것 같고 범죄의 희생양이 될 것 같다. 중병에 걸릴 것 같고 너무 불안해서 홀로 여행하기가 어렵고 파산해서 노숙자나 부랑자가 될 것 같은 걱정이 많다.

● 자존감의 상처(결함, 실패)

자존감은 스스로 가치 있다고 생각하는 마음이다. 자존감에 상처를 받은 사람에게는 자신이 하는 일을 못마땅하게 여기는 부모나 형제가 있었을 수 있다. 혹은 몇 번의 실패들로 인해 스스로 부적절한 실패자라는 생각을 자주 했을 수도 있다. 그래서 자신이 취약한 부분에 열등감을 느끼고 비난이나 거절에 대해서 과민 반응을 보이기도 한다. 자신의 진짜 모습을 알게 되면 아무도 자신을 사랑하지 않을 것이라고 생각한다.

스스로 결점이 많아서 사랑받을 가치도 없고, 아무에게도 말할 수 없는 비밀이 있다고 한다. 진정한 모습을 보여줄 수 없기 때문에 항상 거짓된 모습만 남에게 보여준다고 생각한다. 스스로 큰 수치감을 안고 살고 자신의 결점이 노출되는 것을 가장 두려워한다. 항상 다른 사람보다 능력이 떨어진다고 생각한다. 늘 실패했다는 생각을 하며 굴욕감을 느낀다. 남들만큼 이룬 것이 없어서 남들과 있을 때 부끄럽고 다른 사람이 자신보다 더 유능하다고 생각한다.

● 자기표현의 상처(종속, 가혹한 기준)

자기표현은 자신의 감정과 타고난 성향을 자유롭게 표현하는 것을 말한다. 이 부분에 상처가 생기면 자신이 원하는 욕구와 하고 싶은 것, 감정 등을 표현하려고 할 때 죄책감이 나타난다.

또한 자신의 감정보다는 남의 감정이 더 중요해진다. 지나칠 정도로 남의 욕구에 맞추고 남을 기쁘게 해주려고 한다. 그렇지만 자신의 노력이 제대로 평가받지 못할 때는 심하게 화를 낸다. 스스로를 지나치게 억제하고 체면을 차리며 항상 완벽하게 마무리 지으려고 애를 쓴다.

그러면서도 화를 억누르고 살기 때문에 갑자기 확 터지기도 한다. 다른 사람들이 원하는 것을 들어주지 않으면 남들이 보복하거나 화를 낼 것 같다. 남들에게 인정받기 위해서 전전긍긍한다. 남과 의견이 달라지지 않도록 모든 노력을 다한다.

스스로에게 도저히 이룰 수 없는 가혹한 기준을 가하기도 한다. 항상 최고가 되려고 하기 때문에 오히려 아무것도 만족할 수가 없다. 항상 정리되어 있고 완벽한 모습을 보여주려고 한다. 따라서 해야 할 일이 너무 많아서 마음 놓고 쉴 수가 없다. 항상 자신을 심하게 몰아세워서 대인관계에 문제가 생기고 자신의 건강을 해칠 정도로 경쟁적이다.

● 현실적 한계의 상처(특권 의식)

현실적인 한계에 상처를 받은 사람은 자기 자신밖에 모른다. 자신의 욕구에만 몰입하고 남의 욕구에는 관심이 없다. 주변 사람들에게 이기적이고 자기중심적이고 자아도취적이라고 비난을 받기도 한다. 하지만 스스로는 자신이 특별하다고 생각해 모든 일을 자기 마음대로 처리해도 된다고 믿는다. 이런 특권의식이 결국은 인생을 망가뜨린다. 항상 남 탓을 하지만 결국 자신의 문제이기 때문에 해결되지 않는다. 누군가 싫다고 대답하는 것을 참을 수가 없고 원하는 것을 얻지 못하면 화가 난다.

항상 자신의 요구가 최우선이고 재미있는 게 별로 없고 목표에 도달하지 못하면 쉽게 좌절하고 포기한다. 충동적이고 감정적으로 일을 처리하는 경우가 많다.

사람마다 이런저런 상처들이 곪아있다. 우리는 이런 상처들의 일부분만 가지고 있을 수도 있고 여러 가지 상처를 복합적으로 가지고 있을 수도 있다.

상처는 하루아침에 만들어진 것이 아니다. 오랜 시간 동안 사람들과 접하면서 이루어진 것이다. 그렇지만 이런 상처도 상처에 대해 알기 시작한다면 바뀔 수 있다. 상처가 있다는 것이 끝은 아니다.

강철 하나는 5달러지만 그것으로 말편자를 만들면 10달러가 되고, 바늘을 만들면 350달러가 되고, 칼날을 만들면 3만 2,000달러가 되며, 시계 스프링을 만들면 25만 달러가 된다. 같은 재료도 얻어맞아서 정련이 될수록 점점 더 탄성과 강도가 좋아지고 가치도 커진다. 신은 우리를 좀더 가치 있게 만들기 위해서 우리에게 더 많은 정련과 연마를 거치게 하신다.

자신이 상처를 받았더라도 그 상처를 깨닫고 무엇이 이런 상처를 주었으며 어떻게 하면 앞으로 더 행복해질 수 있는가를 생각하면 결국 상처는 치유되고 옵티미스트로 나아갈 수 있게 된다. 상처는 흉터로 남으면 그뿐이다. 아픈 것은 평생 지속되는 것이 아니고 단지 상흔으로 남는다.

스스로 고난이 많다고 생각하는가? 왜 내게 이런 고난이 생기느냐고 묻고 싶은가? 그러한 고난은 나를 단련하기 위한 훈련이라고 생각하자. 고난을 권투선수들이 훈련받을 때 배를 때려주는 트레이너와 같다. 상처 속에서 스스로를 단련함으로써 나는 점점 더 좋은 사람, 더 훌륭한 사람이 되어간다고 믿자.

위대한 사상은 반드시 커다란 고통이라는 밭을 갈아서 이루어진다.
갈지 않고 그냥 둔 밭은 잡초만이 무성할 뿐이다. 사람도 고통을 겪지 않고서는 언제까지나 평범함과 천박함에서 벗어나지 못한다.
모든 고통은 차라리 인생의 벗이다.

– 카를 힐티

물론 상처를 치유하는 것은 쉬운 과정이 아니다. 변화하겠다는 마음을 먹은 것만으로도 시작은 충분하다. 스스로 대견하다고 생각하자. 자신에게 연민을 가지는 것이 중요하다.

어린 시절에 많은 상처를 받았다고 해도 그 상처를 회복해야 할 책임은 나에게 있다. 지금까지 살면서 많은 일들이 일어나고 좋지 않은 일이 일어난 것이 내 탓만은 아니다. 그러나 내 자신을 내다버리고 사는 것, 그리고 다시 일어서려 하지 않는 것은 분명히 나의 잘못이다.

이제는 조금씩 더 행복해지자. 내가 더 나아질 수 있다는 데 감사한 마음을 가져보자.

행동을 잡자

옵티미 9 프로그램에서 다루는 것은 대부분 정신적, 심리적, 영적인 방법이다. 그러나 행동을 잡아나가는 초기 단계에서는 신체적인 건강을 잡는 것도 포함되어 있다. 왜냐하면 신체적으로 건강하지 않으면 대부분의 행복을 잃기 쉽기 때문이다.

너무도 많은 몸짱 만들기, 다이어트 비법, 근육 만들기, 살 빼기 요령들이 세상을 풍미하고 있다. 그러나 옵티미스트의 건강에 대한 접근은 근본적으로 달라야 한다. 누군가에게 보여 주기 위한 것이 아니라, 자신에게 가장 이롭게, 가장 행복하게 건강을 지켜나갈 수 있어야 한다.

신문, TV나 다른 매체를 보면 요즘만큼 건강에 대한 다양한 정보를 접할 수 있는 시기는 없었던 것 같다. 이런 경향은 점차 심해지면 심해졌지 결코 줄 것 같지는 않다. 그러면 우리는 과연 더 건강해졌을까.

정보는 넘치지만 실제로 도움을 받을 수 있는 정보는 그리 많지 않다고 생각한다. 오히려 모든 병이 내 병 같은 '건강염려증'이 되거나 "건강검진 그 따위 것을 뭐 하러 해, 다 엉터리야"라는 식의 '건강무심증'을 만들어낸다.

의과대학 6년, 인턴, 레지던트 5년, 군의관 3년 후 전문의를 따고 수십 년씩 같은 일을 하면서도 정확하게 진단해내기가 어려운 것이 병이다. 큰 대학병원에서 수십 가지의 검사를 하고서도 틀릴 수 있는 것이 병에 대한 접근이다.

위와 같은 무차별적인 정보처럼 보통 사람들에게 '병 자체'에 대해서 알게 하고 지식을 가지게 하는 것은 근본적으로 잘못된 것으로 실제로도 별 도움이 되지 못한다. 정보의 정도는 '병'에 대한 지식이 아니라 '건강'에 대한 지식이어야 한다. 전문 용어나 병의 증상을 알아내는 데 시간을 쓰는 것이 아니라 어떻게 하면 더 건강한 몸, 더 행복한 몸을 가질 수 있는지를 아는 데 시간을 써야 한다.

건강한 몸에 건전한 정신이 깃든다

옵티미스트는 건강에서도 완벽주의를 조심해야 한다. 완벽하게 건강해진다는 것은 불가능하다. 다만 지금보다 조금 더 건강하고 조금 더 강해지려고 애쓸 필요는 있다. 하루에 조금씩이라도 건강해져야겠다는 다짐으로 1년을 보낸다면 지금보다 3~4배 더 건강해질 수 있을 것이다.

건강에 대한 극단주의도 조심해야 한다. 무조건 살을 빼겠다고 거의 아무것도 먹지 않는 다이어트, 몸짱이 돼야 한다고 하루 종일 혹사당한 상태에서도 밤중까지 운동을 하는 사람, 인대나 관절이 나쁘면서도 반복운동을 해서 아예 쓸 수조차 없게 만드는 사람, 음식을 철저하게 가리느라고 그것이 스트레스가 되어서 아무것도 먹을 수 없는 사람, 매일 40분씩 뛰어야 한다고 음주 후에도 마구 뛰다가 심장마비를 초래하는 사람 등이 모두 건강에 대한 극단주의자이다.

반대의 극단주의자는 더 심한 문제다. 좀스럽게 건강은 뭐 히러 신경 쓰냐, 우리 할아버지는 담배를 3갑씩 피웠는데도 90살까지 건강하게 사셨다. 때 되면 술, 담배 끊겠지, 입에 맞는 음식을 먹어야지 무슨 소리냐, 웰빙 음식이라는 게 모두 준비도 귀찮고 맛도 없다며 질병아 덤벼라 하면서 발가벗은 채로 소리를 지르는 사람도 있다.

스트레스가 계속 높아지면 호르몬 - 면역 - 신경계가 변한다는 것을 잊지 말자. 만병의 근원은 스트레스이다. 스트레스를 해결하기 위해서는 옵티미스트답게 건강을 유지하는 것이 중요하다.

우리 몸은 일종의 배터리다. 많이 쓰면 많이 쓴 만큼 오랫동안 더 좋은 방법으로 충전을 해줘야 한다. 쉴 새 없이 방전만 하다가는 더 이상 쓸 수 없는 배터리 신세를 면하기가 어렵다. 충분히 충전하고 넘어가자.

건강과 스트레스는 밀접한 관련이 있다. 반복적인 스트레스는 우리 인체에 치명적인 결과를 초래한다. 따라서 현대를 살아가는 사람들은 자신에게 맞는 가장 효율적인 건강법을 반드시 알고 있어야 한다.

건강법에서 가장 중요한 것은 움직이는 것이다. 인간은 동물이다. 식물이 아니다. 동물이 식물과 다른 점은 끊임없이 움직인다는 데 있다. 원래 우리는 많이 움직이고 사냥하고 농사를 지어왔다. 그러나 현대의 회사나 학교에서의 삶은 우리를 계속 식물로 만들고 있다. 계속 한 자리에 머물라고 한다. 하지만 이러한 식물적 습관은 건강에 치명적이다. 항상 움직여야 한다.

그렇다고 자리를 박차고 직장을 그만 두라는 말은 아니다. 실내에서 근무하더라도 가급적 걸어 다니거나 일어서 있고 엘리베이터보다는 계단을 이용하라는 말이다. 편하게 늘어지는 것이 인생의 목표라고 생각하는 사람이 있다. 조금이라도 더 편해지려고 하고 아무리 가까운 거리라도 차를 타려고 한다. 하지만 그러다 보면 우리는 점점 약해질 수밖에 없다.

'우유를 마시는 사람보다 우유를 배달하는 사람이 더 건강하다' 라는 말이 있다. 그런데도 우리는 운동을 하기보다는 자꾸 먹는 것으로 건강을 챙기려고 한다.

전에 한 회사의 스트레스 관리를 하면서 직원들의 생활 습관을 조사한 적이 있었다. 여기서 참 재미있는 결과를 하나 얻었다. 직원들 중에서 감정적으로 불안정하거나 우울, 불안과 같은 문제가 덜한 사람들의 공통된 특징이 운동을 열심히 한다는 것이었다. 운동 시간이 길면 길수록 우울과 불안이 적어졌다.

특히 하루에 90분 이상 운동을 하는 사람에게는 우울과 불안 증상이 거의 나타나지 않았다. 물론 언제나 열정적으로 운동을 할 수는 없을 것이다. 그러나 항상 우리가 지금 절대적인 운동 부족에 시달리고 있다는 사실만은 잊지 말자.

먹는 것에 인생을 건 사람처럼 몸에 좋은 보약이란 보약은 모두 찾아다니고 좋다는 음식은 다 먹으려고 하지 않아도 된다. 그저 기본적으로 먹어야 할 것만 잘 챙겨도 충분하다.

물을 마시는 것이 중요하다. 물은 그 자체가 생명수다. 대부분의 현대인들은 수분 부족에 허덕인다고 한다. 커피, 술 등은 물과 달라 오히려 더 많은 물을 소모하게 만든다. 걸쭉한 것은 마실수록 내 피를 걸쭉하게 만든다. 이때는 그냥 깨끗한 물을 마시는 것만으로도 충분히 도움이 된다.

쉬는 시간마다 물을 한 잔 마시자. 그리고 이 물이 나를 씻어주고 깨끗하게 해주고 나의 병을 치유해 줄 것이라고 생각하자.

익힌 음식을 먹는 데 과도하게 에너지가 쓰인다고 한다. 그냥 조리하지 않아도 먹을 수 있는 음식을 먹는 것이 좋다. 과일, 샐러드, 야채 등은 단지 계속 먹는 것만으로도 도움이 된다. 이러한 음식은 비타민과 같은 영양분도 많고 변비도 예방해준다.

그리고 혈당을 한꺼번에 올리는 음식을 조심해야 한다. 이러한 음식은 인슐린이 과도하게 일을 하도록 만들기 때문에 쉽게 지치고 당뇨가 생길 우려가 높아진다. 이런 음식들은 쉽게 생각하면 설탕, 흰 빵, 초콜릿 같은 입에 달고 맛있는 음식이다. 그렇다고 이런 음식들을 모두 먹지 말라는 말은 아니다. 다만 가급적 한꺼번에 먹지 말고 잡곡 빵, 잡곡 밥, 감자 등 대체할 수 있는 음식을 먹는 것이 좋다는 것이다.

지방을 적게 먹는 것만이 왕도라고 생각하는 사람이 있다. 그러나 모든 기름이 몸에 나쁜 것은 아니다. 특히 콜레스테롤은 우리 몸의 중요한 구성 성분이다. 지방을 하나도 섭취하지 않으려고 하기보다 식물성 기름, 해바라기 기름, 옥수수 기름, 올리브 기름, 생선 기름과 같은 것은 오히려 먹는 것이 몸에 좋으니 적절히 섭취하는 것이 좋다.

고기를 먹지 않으려는 사람도 있다. 그러나 단백질은 우리가 살아나가는 데 꼭 필요한 요소이다. 살아가는 모든 활동이 단백질을 이용한 것이라고 해도 과언이 아니다. 필요하다고 한꺼번에 확 먹어서 효과가 나는 것이 아니므로 평상시에 규칙적으로 먹어야 한다.

또한 종합 비타민제를 먹는 것도 도움이 된다. 평상시에 우리가 먹는 먹을거리만으로는 부족한 부분이 생기기 쉽다. 몸의 면역 체계를 높여 준다는 비타민 C, 산화로 인한 세포막 손상을 막아준다는 비타민 E, 신경계통에 좋은 영향을 주는 비타민 B, 순환과 신진대사에 좋은 마그네슘, 효소의 중요 성분인 셀레늄 등등 이 모든 것들을 섭취하기 위해서 따로 애쓸 필요가 없다. 그저 좋은 종합 비타민제 하나를 정해서 규칙적으로 매일 한 알씩만 복용하면 된다.

무엇을 먹느냐보다는 어떻게 먹느냐가 더 중요하다. 매끼 규칙적으로 감사한 마음으로 즐겁게 식사를 하는 것만으로도 충분하다. 꼭 필요한 음식을 행복한 마음으로 먹다보면 내 몸에 꼭 필요한 영양분이 들어와서 손상된 세포는 깨끗하게 치유되고 새 세포가 완벽하게 자라난다.

잠에도 신경을 써야 한다. 배터리 충전에 가장 좋은 방법은 잠이다. 충분히 잠을 자면 웬만한 피로는 다 풀린다. 그러나 요즘 우리의 생활을 한 번 살펴보자. 24시간 마트의 영업은 심야 시간이 더 잘 된다고 하고, 새벽 3시에도 삼겹살을 파는 식당이 있고, 심야 영화에 철야 찜질방에 철야 스키장까지 성황이다. 밤은 오로지 잠을 위해, 진정한 휴식을 위해 존재하는 것이다. 그러나 우리는 밤에 자지 않고 뭔가 다른 것을 한다.

그럼 어떤 결과가 생기게 될까. 우리의 몸과 마음은 점차 피폐해진다. 정신과에서 의사가 환자에게 가장 흔하게 물어보는 말이 "잠은 잘 주무시나요?"이다. 잠을 자지 못하는 것은 분명히 어딘가 고장 나기 시작했다는 신호이기 때문이다.

잠은 자동 장치로 일어나는 매우 놀라운 현상이다. 아무런 준비 없이 그저 머리만 땅에 대도 잠이 올 때가 있다. 그러나 한 번 잠을 놓치고 나면 아무리 자려고 애를 써도 잠이 오지 않기도 한다. 이상하게도 잠을 자려고 하는 노력이 오히려 잠을 깨운다.

이는 잠을 놓친 후 잠을 자려고 애쓰는 행동이나 생각이 두뇌를 활성화시키기 때문이다. 한 번 깨어난 뇌는 좀처럼 가라앉기가 어렵다.

이렇게 되면 사람들은 대개 누워서 잠을 청한다. 100까지 세기도 하고 심한 사람은 10,000까지 꼬박 세기도 한다. 그러나 이는 잘못된 방법이다.

원래 사람의 머릿속에는 잠이 오게 하는 균형 센서가 있다. 이 센서에는 우리가 건강할 때는 '땅에 머리만 대면 잔다'라고 입력되어 있다. 그러나 이렇게 누워서 오지 않는 잠을 청하는 시간이 길어지면 그런 명령이 도저히 통하지 않는다는 것을 알게 된다. 누우면 자야 한다는 명령을 잊어버린 것이다.

이렇게 되면 아무리 명령어를 바꾸려고 해도 소용이 없다. 오히려 누우면 정신이 말똥말똥해진다. 이럴 때 문제를 해결할 수 있는 유일한 방법은 새롭게 명령어를 입력하는 것이다.

'누우면 자는 것이다'라는 명령이 입력될 때까지는 조금 고생을 하는 수밖에 없다. 잠이 오지 않으면 자지 말자. 일단 일어나서 다른 일을 해야 한다. 밤을 꼬박 새우는 한이 있어도 절대로 눕지 말고 버텨보자. 그러다가 정 졸려서 쓰러질 것 같을 때 누워야 한다.

그래도 잠들지 않으면 또다시 일어나야 한다. 그러다 밤을 새면 새야 한다. 그리고 아침이 오면 반드시 일어나야 한다. 어제 밤에 잠을 잘 못 잤으니까 누워서 좀 쉬어야지 하는 생각을 해서는 안 된다. 잠은 못 자더라도 누워서 피로는 풀어야겠다고 말하는 것은 "나는 이제 평생 불면증으로 살겠다"라고 하는 것과 같다.

몸에 무리를 주는 것은 배터리를 방전시키는 일이라는 것을 잊지 말자. 물론 살다보면 좀 무리할 수도 있다. 그럴 때도 충전하는 것을 잊어서는 안 된다. 충전 없는 방전은 스스로를 망치도록 재촉하는 것 이외에는 아무것도 아니다.

하지만 이렇게 여러 가지로 건강에 신경을 쓰는데도 불구하고 병에 걸릴 수 있다. 병은 하나의 고통이다. 중요한 것은 이런 고통이 찾아왔을 때 그 고통 속에 빠지지 않도록 해야 한다는 것이다. 병이 나를 지배하지 않도록 해야 한다. 나는 단지 병에 걸린 것뿐이며 병이 내 인생을 농락하도록 놔두어서는 안 된다.

건강에 좋은 사소한 습관부터 몸에 익히자. 뜨거운 물에 목욕을 하는 것도 좋다.

고대부터 물은 치유의 힘을 가졌다고 했다. 거품목욕도 좋고, 향을 풀어도 좋고, 허브를 이용해도 좋다. 그저 비누칠만으로도 좋다. 목욕을 하면서 몸과 마음을 편안하게 풀어주는 것만으로도 충분하다. 좀 호사스러울 수도 있겠지만 간혹 등마사지나 발마사지를 받아보는 것도 좋다.

어떤 것이라도 좋다. 그저 편안하게 모든 것을 잊고 휴식할 수 있으면 된다. 휴식이 우리를 충전해 줄 것이다.

습관을 지배하면 나를 지배한다

말과 행동이 쌓이면 습관이 된다. 습관은 무엇인가가 몸에 배었다는 뜻이다. 특히 나쁜 습관일수록 몸에 배기 쉽다. 좋은 습관은 몸에 배더라도 한순간에 무너지는 수가 많다. 열심히 헬스클럽에서 몸을 만들어오던 사람도 1주일만 쉬면 말짱 도루묵이 된다.

나쁜 습관은 내 몸을 옭아맨다. 습관에 얽매이기 시작하면 헤어나기가 어렵다. 사람은 환경에 적응하는 동물이다. 일단 적응 단계를 거치면 매너리즘과 습관에 젖어들기 쉽다. 가장 무서운 적은 바로 자신이라는 말이 괜히 나온 것이 아니다.

반드시 가져야 하는 좋은 습관 중에 하나가 시간 관리이다. 공사다망(公私多忙)이라는 말이 있다. 공적으로나 사적으로 너무 바쁘다는 뜻이다. 바쁠 망(忙)은 마음 심(心)에 망할 망(亡)을 합한 글자이다. 마음을 잃어버린 것이다. 도대체 어디다 두었기에 마음을 잃어버린 것일까. 세상에 바쁘지 않은 사람은 아마 없을 것이다. 직장인은 직장인대로, 사장님은 사장님대로, 가정주부는 가정주부대로, 심지어는 백수조차 과로사하는 세상이다. 도대체 우리는 왜 이리도 바쁘게 살아가는 것일까.

언제나 이번 고비만 넘기면 되겠지 생각하지만 이상하게도 급한 일은 파도처럼 끊임없이 밀려온다. 아무리 성실하고 부지런하게 일을 해도 자신에게 주어진 모든 일을 다 해낼 수는 없다. 세상에는 항상 시간에 쫓겨 허둥지둥 살아가는 사람과 시간의 주인으로서 여유 있게 여러 가지 일을 해나가는 사람이 있다. 사실 대부분의 일은 시간과의 싸움이다.

시간 관리의 원칙은 다음과 같다.

● 중요한 것을 우선하라

정신 없이 바쁜 와중에 갑자기 중병 선고를 받고 입원했다고 생각해보자. 그동안 세상에서 가장 중요한 것인 줄 알고 해왔던 일들이 과연 자신에게 얼마나 큰 의미가 있는가 생각해 볼 수 있을 것이다. 이때는 건강을 회복하는 일만큼 중요한 일은 없다.

꼭 가야 할 것 같고, 꼭 만나야 할 것 같던 사람들이 이제는 하나도 중요해지지 않는다. 오직 내 아내, 내 자녀들만 소중할 뿐이다. 그제서야 비로소 내 인생에서 가장 중요한 것은 바로 이런 것들이었다는 사실을 깨닫게 될 것이다.

정말 중요하다고 생각하는 어떤 것, 자신의 본질 회복, 건강관리, 중요한 사람들과의 관계유지 등등 이런 것들을 반드시 나의 시간에 끼워 넣자. 그리고 그것을 위해 아낌없이 시간을 할애하는 것이다.

그 누구도 시간을 무한대로 소유할 수는 없다. 시간 관리를 위해서는 중요한 일과 급한 일을 구분하는 지혜가 필요하다.

1. 중요하면서도 급한 일

자신의 미션과 관련하여 문제가 되고 있는 아주 중요한 일이나 일과 관련해 즉시즉시 해결해야 하는 일들이다. 목표나 마감이 정해져 있고 꼭 해야 하는 일들이다.

그러나 이런 종류의 일에만 몰두하면 스트레스만 쌓이고 여유가 없어져 지치고 피곤해 머지않아 탈진하게 된다.

2. 중요하지만 급하지 않은 일

주로 예방적인 일이다. 미래를 위해 자기를 계발하는 일, 사람과의 관계를 회복하고 유지하는 일, 좋은 책을 읽는 일, 기도, 건전한 휴가를 보내는 일 등이다. 중요하다는 것은 알지만 긴급한 일은 아니기 때문에 소홀해지기 쉽다. 이 분야에서 많은 시간을 보내는 사람은 균형을 잘 이루고 있기 때문에 삶의 여유가 있다. 옵티미스트는 중요하면서도 급하지 않은 일을 평상시에 잘 저축해 두는 사람이다.

3. 중요하지는 않지만 급한 일

예정 없는 방문, 공과금 수납, 전화 또는 우편물, 가족 회의 참석과 보고 등은 급하기만 한 일이지 그렇게 중요한 일은 아니다.

요즘 세상엔 대부분의 사람들이 이 분야에 많은 시간을 쓰고 있다. 눈앞의 단기적인 일에만 몰두하고 있어서 당시에는 무엇인가 중요한 일을 하고 있는 것 같지만 결국 쌓이는 것은 하나도 없이 지치고 희생당한 느낌만 갖게 된다.

4. 중요하지도 않고 급하지도 않은 일

아무 생산성도 없고 알고 보면 그리 급하지도 않은 일들이다. TV시청, 인터넷 서핑, 컴퓨터 게임 등 요즈음 젊은 사람들이나 학생들이 쉽게 빠져 있는 일들이다. 이런 일에 많은 시간을 보낸 사람들은 후회가 클 수밖에 없다.

● 완벽주의를 포기해라

누구도 자기가 하고 싶은 일, 자기에게 주어지는 일을 모두 다 하면서 살 수는 없다. 시간 관리의 가장 중요한 이념은 '덜 중요한 일을 버리는 것'이다. 머릿속으로 이것도 해야지, 저것도 해야지 생각하고 고민할수록 시간에 쫓길 수밖에 없다.

바쁘다는 것은 바쁘다는 생각이 만들어내는 현상이다. 일을 완벽하게 해야 한다고 무작정 매달려서는 진도가 나가지 않는다. 자신이 할 수 없는 일, 할 시간이 도저히 없는 일, 방법을 알 수 없는 일 같은 것은 정중히 거절하거나 다른 사람에게 위임하는 것이 중요하다.

항상 어떤 일을 하기 전에는 이 일이 내게 중요한 일인가를 따져봐야 한다. 만약에 하면 좋고, 안 해도 되는 정도의 일이라면 아예 뛰어들지 않는 편이 낫다. 내 삶에서 중요하다고 생각되는 일만 하고 사는 데도 시간이 부족하다. 꼭 가야 할 곳이 아니라면 단호하게 가지 않겠다고 결정하고 실행하는 것이 중요하다.

● 여유를 즐길 수 있는 틈을 두라

숨 가쁘게 돌아가는 생활 속에서도 꼭 자신만의 휴식시간을 갖자. 자신을 위한 휴식 시간도 약속 시간을 잡듯이 계획하고 만들어야 한다.

그 시간에는 마치 누구와 만나고 있는 것처럼 자기 자신과 만나보자. 커피 한 잔을 하면서 자신을 돌아보고 자신과 이야기하는 시간을 가져라.

모든 약속을 잡을 때 하나가 끝나면 두 번째, 두 번째가 끝나면 세 번째 하는 식으로 잡지 말자. 여유 있고 넉넉하게 약속을 잡는 것이 중요하다. 그러다 시간이 남으면 서점에 들르거나 산책을 하거나 운동을 할 수도 있다. 너무 빈틈없이 약속을 잡아두면 마음만 바빠질 뿐 이런 여유들은 도저히 경험할 수 없게 된다.

● 미루지 마라

시간에 여유가 있는 '언젠가'는 오지 않는다. 완전히 은퇴한 후 아무 할 일이 없을 때를 기다리고 있다면 그리 좋은 생각은 아니다. 그때는 무엇인가를 할 기력도, 의지도 사라질 수 있기 때문이다.

나중에 하겠다는 것은 안 하겠다는 것과 같다. 일단 시작하라. 시작하고 나면 할 수 있게 된다. 한 번 시작했으면 단번에 끝낸다는 각오로 매달려야 한다. 밀도 있게 쭉 밀고 나가자. 마감이 정해져 있지 않은 일에도 스스로 마감을 정하고 마감시한까지는 최선을 다하자.

● 최고로 집중할 수 있는 시간을 이용해라

아침형 인간이 시대의 조류가 된 적이 있다. 하루에 30분을 일찍 일어난다면 일요일을 빼더라도 일주일에 180분, 즉 3시간을 벌 수 있다. 만약에 1년 동안 30분을 일찍 일어난다면 160시간을 나의 것으로 만들 수 있다.

주 5일제가 되면서 주당 근무시간이 40시간이 되었다. 160시간이라는 것은 온전한 4주를 번다는 것과 같다. 30분 일찍 일어나면 1년에 한 달을 이전보다 더 쓸 수 있게 되는 것이다.

지금 이 책을 쓰고 있는 시간은 새벽이다. 새벽의 효과는 실로 엄청나다. 아이들 소리, 강아지 짖는 소리, 전화, 이메일 등의 방해 없이 무언가에 깊게 집중할 수 있다. 번잡한 낮 시간에 했더라면 몇 시간씩 걸렸을 일도 1시간 이내에 쉽게 끝낼 수가 있다. 새벽 공기의 신선함으로 인해서 창의력도 쑥쑥 생기는 것 같고, 남들이 자는 시간에 무엇인가 일을 하고 있다는 뿌듯함도 생긴다. 그러나 새벽에 일어나는 것에는 필수적인 전제조건이 있다.

새벽에 일어나기 위해서는 밤부터 준비해야 한다. 그냥 수면 시간을 줄이는 방법은 과로사로 가는 길이다. 새벽 1~2시에 자는 사람이 일찍 일어나려고 한다면 그야말로 생명을 단축하려고 애쓰는 것과 같다. 스스로 견딜 수 있는 수면 시간을 확보하기 위해서는 밤의 유혹을 뿌리치고 어떻게 해서든 일찍 잠자리에 들어야 한다.

그러나 도저히 아침형 인간이 될 수 없는 사람도 있다. 자신의 일에 따라 또는 체질에 따라 최적의 활동시간이 다를 수도 있다. 새벽 시간이 매우 효율적이기는 하지만 자신의 리듬에 맞추는 것이 힘들다면 새벽 시간은 과감히 포기하고 스스로가 가장 집중할 수 있는 시간을 찾아내자.

● 자투리 시간을 활용하라

비어있는 시간은 최대한 활용하자. 자투리 시간에 할 일들은 순서를 만들어 두었다가 처리하면 그 시간에 몇 권의 책도 읽을 수 있다. 또한 자투리 시간에 미뤄둔 전화를 한다든지, 이메일 확인을 한다든지, 사소한 개인적인 일을 처리하는 것에 보낼 수도 있다.

● 시간을 즐겁게 사용하라

시간이 빨리 간다고 느껴지는가? 시간은 가는 것이 아니라 사는 것이다. 시간과 싸우는 태도, 단 일초의 시간이라도 아껴서 저축하려는 태도는 바람직하지 않다. 시간을 아껴서 무엇을 하려고 하지 말고 지금 주어진 시간을 즐겁게 쓰자. 많은 사람들이 시간을 아끼려고 노력한다. 시간 관리를 가르쳐주는 수많은 책이나 기법들이 항상 놓치는 것이 바로 이것이다. 그저 이 순간을 즐길 줄 아는 습관을 길러야 한다.

어떠한 습관을 기르든 간에 무엇보다 중요하는 것은 자신의 태도를 결정하는 것이다. 사람이 환경을 바꾸기는 어렵다. 인간에게 주어진 최후의 자유는 주어진 환경 가운데서 자신의 태도를 선택하는 것이다.

자유롭게 태도를 선택하자. 나의 습관을 지배할 수 있도록. 옵티미스틱한 사람이 되도록.

말이 나를 보여준다

성경의 요한복음은 '태초에 말씀이 계시니라. 이 말씀이 하나님과 함께 계셨으니 이 말씀은 곧 하나님이시니라' 로 시작한다.

여기서 말씀은 로고스(Logos)의 번역이다. 로고스는 말이라는 뜻이지만 동시에 도리, 진실의 의미도 포함한다. 로고스는 태초에 신과 더불어 있었으며 만물의 근원이자 생명이다.

로고스가 말씀, 언어로 번역된 것의 의미를 따져보자. 말 속에 그만큼 도리와 진실, 이념이 나타난다는 것이다.

사람은 여러 가지 방법으로 표현을 한다. 사람을 표현의 동물

(Homo Expressionensis)이라고까지 일컫는 사람이 있을 정도이다. 또한 의사소통하는 방법에는 여러 가지가 있다. 그러나 사람의 의사를 가장 분명하게 표현하는 방식은 말을 하는 것이다.

말이란 것에는 힘이 있다. '말이 사람을 잡는다', '말 한마디로 천 냥 빚을 갚는다' 라는 말들은 결코 틀린 얘기가 아니다.

세 치 혀의 권세는 무한하다. 거대한 유조선은 뒤에 달려 있는 작은 키가 움직이는 대로 방향을 잡는다. 사람은 자그마한 혀가 움직이는 대로 살아간다. 죽이는 말에서 살리는 말로, 분쟁을 부르는 말에서 평화를 주는 말로, 불평하는 말에서 능력과 힘을 주는 말로 바뀌어야 삶이 바뀔 수 있다.

평생 사람을 살리는 말을 하는 사람과 평생 남을 죽이는 말을 하는 사람, 그 삶의 가치는 다를 수밖에 없다. 말 한마디 잘해서 빚도 갚지만 반대로 잘못해서 평생을 원수로 지낼 수도 있다.

아무 생각 없이 내뱉은 엄마의 말 한마디가 일생을 좌우하기도 한다. 무뚝뚝해 말을 잘 하지 않는 아버지의 모습에 평생 '아, 아버지는 내게 무관심하구나' 라는 생각을 갖고 살기도 한다.

말이 씨가 되고 현실이 된다. 말은 그 사람의 인격이다. 온화하게 말하는 사람은 온화하게 살 수밖에 없다. 욕설과 음란함, 더러움으로 가득 찬 말을 하는 사람의 삶은 그렇게 될 수밖에 없다. 결국 자신이 말하는 대로 인격 또한 만들어 간다.

말은 관계이다. 말로 관계를 맺고 그 말의 의미를 되새기면서 사는 것이 우리 삶이다. 아무리 사랑하더라도 말로 확인되지 않으면 공허할 수밖에 없는 것이다.

언어생활에 대한 충고로 세 가지 황금문이란 게 있다. 이 세 가지 관문을 통화했을 때에만 말을 해야 한다는 것이다.

첫 번째 문은 "그것은 정말이냐?"이다. 항상 옳은 말만 한다는 마음을 갖자.

어느 법정 소송 사건에서 가장 중요한 증인으로 채택된 열두 살의 소년이 있었다. 변호사가 철저한 반대 심문을 펼쳤지만 그 소년의 결정적이고 명백한 증언을 바꾸거나 잘못을 지적할 수가 없었다. 다시 변호사는 엄숙한 음성으로 물었다. "너의 아버지가 너에게 어떻게 증언해야 하는지 가르쳐 주었지. 그렇지?" 그러자 소년은 "예" 하고 대답했다. 자신감을 얻은 변호사는 "그러면 너의 아버지가 너에게 어떻게 말하라고 했지?" 하고 물었다. 그때 소년의 입에서 나온 말은 당당하고 명쾌했다. "변호사님이 저를 곤란에 빠뜨리려고 이것저것 물어보더라도 다만 사실만을 말한다면, 언제나 똑같은 것을 말할 수 있을 거라고 말씀하셨어요."

두 번째 문은 "그것은 필요한 말이냐?"이다. 아무리 옳은 말이라도 꼭 필요하지 않은 말은 하지 말자. 실제 상처를 주는 말은 옳지 않은 말이 아니라 필요하지 않은 말이다.

얼마 전에 어떤 아주머니 한 분이 쌍꺼풀 수술을 했다. 그런데 이게 좀 문제였다. 수술 실력이 별로인 곳에서 했는지 아니면 가짜 의사에게 했는지 영 아니올시다가 되어 버렸다. 이럴 때 굳이 아주머니에게 "왜 했어, 옛날이 나았는데…"라고 말할 필요가 있을까? 주변에서 생기는 문제들의 대부분은 이렇게 꼭 하지 않아도 되는 말을 하기 때문이다.

세 번째는 마지막 문이면서도 가장 좁은 문인 "그것이 친절한 말이냐?"하는 것이다. 보통 높은 사람이 낮은 사람에게 하는 말은 옳은 말이고 필요한 말일 수 있다. 그러나 친절하지 않기 때문에 먹히지 않는다. 예를 들어 부모가 자식에게 하는 말인 "공부해라", "성실해라", "열심히 살아라" 등의 교훈은 모두 옳은 말이다. 어느 부모가 자식에게 옳지 않은 말을 하겠는가. 공부를 해야 사회에서 살기가 편하다. 성실하게 열심히 사는 것은 분명히 좋은 미덕이다.

그러나 "너는 도대체 누구를 닮아서 그 모양이냐", "어떻게 된 자식이 도대체 매일 컴퓨터냐" 하면서 감정이 섞인 말을 하기도 한다. 이는 친절과는 거리가 멀다. 이렇게 친절하지 않은 말은 받아들이기 힘들다. 옳고 필요한 말일지라도 듣는 사람이 따르지 않는다면 아무 소용이 없다. 친절하게 말할 줄 아는 사람이 되자.

위의 세 가지 관문을 무사히 통과했거든 아무런 염려 말고 큰소리로 말하자!

이렇게 언어생활의 원칙을 세운 후에는 이를 몸에 배게 하는 세 가지 방법을 실천해야 한다.

첫째, 감사하는 말이다. 옵티마 원칙들을 실행하기 어렵다면 우선 말로 시작해야 한다. 그중에 가장 자주 표현해야 하는 것이 감사의 말이다. 어떤 일이 있어도 감사하고, 고마운 마음으로 살아야 한다. 그리고 고마운 마음이 있으면 반드시 표현해야 한다.

보통 남편들은 부인이 밥상을 차려줄 때 고맙다는 표현을 하는 경우가 드물다. 내가 벌어다 준 돈으로 밥 해주는데 뭐가 고맙냐는 식이다. 마찬가지로 부인들도 월급을 받아오는 남편에게 진심으로 고맙다는 표현을 잘 하지 못한다.

정작 가까운 사이일수록 고맙고 감사하다는 말을 자주 하고 살아야 하는데, 현실은 그렇지가 못하다. 그렇기 때문에 항상 감사하다는 말이 자연스럽게 나올 수 있도록 연습을 해야 한다.

택시를 탔는데 길이 너무 막혔다고 해보자. 슬슬 짜증이 나고, 왜 이 길로 접어들었는지 택시 기사가 원망스러워지기 시작한다. 하지만 가만히 생각해보자. 지금 가는 길이 30분 정도 걸리는 길이라고 하자. 만약에 이 세상에 차가 없다면 어떻게 해야 할까. 몇 시간이 걸릴지도 모를 먼 길을 걸어가야 한다. 또한 차가 있어도 길이 없다면 어떨까. 산림이 우거진 산 속에 차가 있다면 오도가도 못하게 된다. 차도 있고 길도 있지만 기름이 없다면, 기름도 가득한데 운전할 줄 아는 사람이 없다면, 운전할 줄 아는 사람은 있는데 차가 고장 나서 움직일 수 없다면….

만약의 경우만 생각하면 한이 없다. 이러한 경우에 처하지 않은 것만도 얼마나 감사한지 모른다. 그렇다면 감사하다고 말해보자. 비록 택시 기사의 실수로 막히는 길로 들어섰다고 하더라도 그것은 이런 저런 어려운 일에 비하면 정말 아무것도 아니다. 택시에서 내리면서 막힌 길을 오시느라고 수고했다고, 고맙다고 한 번 이야기해보자. 기사 아저씨가 얼마나 행복해질지 생각해보자.

감사의 말은 바이러스와 같이 전염성이 있다. 행복해진 택시 기사는 다음 손님에게 감사하다는 말을 한다. 다음 손님이 또 다른 사람에게 감사의 말을 전한다. 이내 감사의 말이 세상을 덮는다. 내가 시작한 감사의 말이 이 세상을 덮어나가는 상상을 해보자.

두 번째는 칭찬하는 말이다. 칭찬은 사람을 살리기도 한다. 사람은 사회적 동물이다. 남의 말 한마디가 상처가 되기도 하지만 인생의 큰일을 만들어내는 동기를 제공하기도 한다.

원래 나는 전공의에게 좀 무서운 교수였다. 일을 확실하게 해야 한다고 다그치고 확인하려다 보니 마음에 들지 않는 것이 많았고 야단을 쳐야 할 일도 많았다. 싫은 소리도 많이 하게 되고 비판하는 일도 많았다. 그런 이유로 전공의들은 나만 보면 긴장을 했고, 그 때문인지 일 하나는 확실하게 되는 것 같았다.

하지만 무엇인가 삐걱거리는 느낌을 떨쳐버릴 수는 없었다. '내가 전공의 때는 저러지 않았는데, 요즘 전공의들은 왜 이렇게 불성실할까?' 하는 생각만 계속 들었다.

그런 태도가 몸에 배어 있었는지 집에서 아이들에게도 좀 더 열심히 하라고 다그치기만 했었다. 그러던 어느 날 큰 아이가 이야기했다. "아빠는 너무 야단을 많이 쳐요. 야단치면 하려고 했던 일도 하기 싫어져요."

아마 이 말은 그동안 내게서 수련을 받았던 모든 전공의들이 하고 싶었던 말이었지만 감히 하지 못했던 말일 수도 있었다. 곰곰이 생각해보니 맞는 말이었다. 뭘 하려고 하는데 자꾸 야단만 치면 기가 꺾일 수밖에 없다. 내가 하려던 것은 전공의들이 일을 잘할 수 있게 하는 것이었지 그들을 야단치려던 것이 아니었다.

그 후 태도를 바꾸었다. 전공의들에 대해 최선을 생각하고 최선을 믿고 최선을 표현하였다. 말로 칭찬하기 시작했더니 그들의 행동을 믿을 수 있게 되었고 그러면서 그들이 더욱 귀하게 느껴졌다. 그 후 나는 전공의들에게 시간 날 때마다 늘 우리 큰 아이에게 감사하라는 우스갯소리를 한다.

사람은 우리가 얻을 수 있는 가장 귀한 자산이다. 그 자산은 칭찬하는 말로 얻을 수 있다.

칭찬이 중요하다는 것을 다음의 이야기를 통해 알 수 있다. 교사들이 보통의 아이들 중 한 집단에겐 매우 지능지수가 높다고 말해주고 다른 한 집단에겐 지능지수가 낮다고 말해주었다. 자신의 지능지수가 높다고 들은 아이들은 지속적으로 우수한 성적을 거두었고 낮다고 믿은 아이들은 계속 하위권에서 맴돌았다.

인간을 현재의 모습으로만 판단하면 그는 더 나빠질 것이다.
그러나 그를 미래의 가능한 모습으로 보라.
그러면 그는 정말 그런 사람이 될 것이다.

– 괴테

세 번째는 존중하는 말이다. 칭찬이 중요하다고 하니까 마음에
도 없는 입에 발린 칭찬을 하는 경우가 있다. 이것은 상대를 존중
하지 않는 일이다. 존중하지 않는 칭찬은 곧 실체를 드러낸다. 사
랑하는 마음이 없다면 칭찬도 야단도 아무런 효과가 없다.

남을 존중하는 말을 할 때 남도 나를 존중한다. 말은 나의 초상
화를 세상에 퍼뜨리는 것이다. 사람들은 내가 하는 말로 나를 판
단한다. 존중은 그 사람 속에 있는 진정한 가치를 알아주는 것이
다. 사랑을 심으면 사랑이 나고, 존중을 심으면 존중이 난다.

불량 청소년이었다가 그를 믿어주는 선생님 때문에 세계적인
기업인 도미노 피자의 창업주가 된 토머스 모나한이 잊지 못하는
선생님의 말씀이 있다.

"나는 너를 믿어, 그러니 힘을 내."

옵티마 9의 두 번째 단계이자 완성 단계는 세 가지 기본 요소로 구성되어 있다. 옵티미스트라면 꼭 해야 하는 세 가지 기본 정신을 추구하는 단계이다.

첫 번째 정신은 감사함이다. 감사가 시작되면서 옵티미스트로서의 확실한 변화가 시작된다.

두 번째 정신은 조금씩 자기를 발전시켜나가야 한다는 것이다. 비록 지금은 마음에 들지 않더라도 조금 더 나아질 수 있다고 생각하자. 하루에 1%씩 나아지면 1년 후에는 365%가 나아진다.

마지막 정신은 옵티미스트의 궁극적인 목표라고도 할 수 있는 자신을 섬기고 남을 섬기고 세상을 섬기는 것이다. 이를 통해 진정한 삶을 살 수 있게 된다.

감사하자

옵티미스트는 행복한 사람이다. 옵티미스트는 자신의 행복이 넘쳐 남까지도 행복하게 해주는 사람이다. 그러기 위해서는 감사하는 마음이 정신의 가장 밑바닥에 깔려있어야 한다.

서양은 '땡큐(Thank you, 고맙습니다)'가 문화의 전반을 지배하고 있다. 무슨 일을 해도 땡큐로 마무리를 짓는다. 요즘엔 우리나라 사람들도 '고맙습니다'라는 말을 많이 쓰고 있기는 하지만 아직까진 말끝마다 '감사합니다, 고맙습니다'라는 말을 하는 사람을 만나기는 어렵다.

우리는 추석을 그저 '가을 저녁'이라는 운치 있는 말로 쓸 뿐이지만, 미국의 비슷한 명절인 추수감사절은 영어로 'Thanksgiving Day', 말 그대로 감사하는 날이다. 물론 실제 고맙지도 않으면서 땡큐라고 말만 하는 것은 아무 의미가 없을 수도 있다. 하지만 단순한 말이라도 직접 하는 것이 얼마나 중요한가도 한 번 생각해 볼 만하다.

이 모양 이 꼴로 사는 마당에 무엇을 감사해야 하는지 모르겠다든지 다른 사람은 돈도 많고, 힘도 있고, 가진 것도 많은데, 나는 왜 이렇게 살고 있나 하면서 아무것에도 감사할 필요가 없다고 생각하는가?

이 책을 여기까지 읽어온 사람이라면 그렇게 얘기해서는 안 된다. 적어도 글씨를 읽을 수 있고, 그게 무슨 내용인지 알 수 있고, 무슨 말인지 알아들을 수 있는 이해력과 지적능력이 있다면 충분하다. 아직 자신의 행복을 찾아내는 훈련이 되어 있지 않을 뿐이다.

이 세상 어느 누구라도 자신의 여건에 100% 만족하는 사람은 없다. 우리는 이미 사람은 여건과 환경만으로는 채울 수 없는 존재라는 것을 배웠다. 이것도 부족하고 저것도 안 돼 있고, 이런 저런 바람 같은 것들이 언제나 존재하기 때문에 그것들을 채우기 전까지는 절대로 행복해질 수가 없다. 내가 가진 것, 내가 이룬 것만으로는 완전한 행복과 감사가 불가능하다.

진정한 감사란 자신의 존재 자체만으로도 충분히 감사할 수 있어야 한다. 나 자신의 가치에 감격해서 눈물이 흐를 수 있어야 스스로 만족하고 감사할 수 있다. 자신이 얼마나 소중하고 귀한 존재인지 깨달아야 한다.

하지만 세상엔 의외로 자신의 가치를 모르는 사람들이 많다. 돈이 없어서, 못 생겨서, 힘이 없어서, 공부를 못해서, 성격이 좋지 않아서, 친구가 없어서 등등의 갖가지 이유를 대면서 자신의 가치를 깎아내린다. 자신을 깎아내리는 방법은 지구상에 존재하는 사람의 수보다도 많을 것이다.

자기를 깎아내리지 않는 사람은 주변을 깎아내린다. 내 부모, 내 가족, 내 회사, 내 나라, 현 시대, 내가 살고 있는 지구, 온 세상이 다 마음에 들지 않는다. 그 사람의 이야기를 듣고 있으면 이보다 더 불행한 사람은 없는 것 같다. 자신은 지지리도 복이 없다고 생각한다.

아무리 둘러보아도 감사할 것이 없다면 지금 찾아보면 된다. 구하는 자에게 복이 있다. 찾는 사람만이 원하는 것을 구할 수 있다. 글씨를 읽을 수 있는 것만으로 감사할 수 없다면 지금 앉아 있는 의자가 확 꺼져 내리지 않은 것에 감사해보자. 천장이 무너져 내리지 않은 것, 아침 또는 점심을 먹은 것, 가족들이 건강한 것, 친구들이 곁에 있는 것에 감사하자.

주변에 있는 모든 것이 축복이라고 할 수는 없을까. '받은 복을 세어 보라' 라는 말이 있다. 엄청난 복을 누리면서도 그 복이 어느 정도 수준인지 모르는 사람들이나, '내가 이런 여건에서 감사할 것이 무엇이 있는가?' 라는 생각이 자꾸 드는 경우에는 감사를 깨달을 수 있는 훈련을 해야 한다.

감사를 잊고 사는 것이 우리의 문제이다. '감사' 의 결핍이 현대인의 가장 큰 결핍이다. 정말 감사해야 할 것들을 놓치고 무엇이 감사한지 모르는 채 살아가고 있다. 행복은 감사를 먹고 살기 때문에 감사가 없는 곳에 행복이 있을 수 없고, 감사가 넘치는 곳에서는 행복도 넘쳐 흐른다.

그래도 정말 어려운 여건 때문에 감사를 할 수 없다면 이란 출신의 세계적인 감독 압바스 키아로스타미의 영화 〈체리 향기〉의 대사를 기억해보자.

"예전에 목 매달아 죽기 위해 줄을 매고 나무에 올라간 적이 있소. 그런데 나무에 달린 체리가 눈에 띄어 무심결에 먹어보니 너무나 달콤하더군. 그래서 계속 먹다보니 문득 세상이 너무 밝다는 게 느껴졌소. 붉은 태양은 찬란히 빛나고, 하교하는 아이들의 소리는 너무도 평온했지. 그래서 아이들에게 체리를 따서 던져주고, 나무를 내려왔어요. 이른 아침 붉은 태양이 물드는 하늘을 본 적이 있소? 보름달 뜬 밤의 고요함을 다시 느끼고 싶지 않소?"

단순한 영화 속의 이야기만은 아닐 것이다. 우리 삶 속에서 놓치고 있는 수많은 소중한 것들을 찾아낼 수만 있다면 진정한 감사 또한 쉽게 찾을 수 있을 것이다.

당신이 누구이든, 어디에 있든, 몇 살이든 아침에 일어나
침대에서 나오는 것 자체로도 당신은 성공했다고 볼 수 있다.
왜냐하면 당신이 믿고 있고, 당신이 잘 할 수 있고, 당신보다
는 큰, 어제에 이어 당신의 오늘, 다시 하고 싶어 더 이상 기

다릴 수 없는 무엇인가가 침대 밖에 있기 때문이다.

- 위트 흅스

언젠가 아침에 일어나면 눈이 뻑뻑하고 잘 떠지지도 않는 증상
이 계속되어 안과에 들렀더니 안구건조증이라는 진단이 나왔다.
인공눈물을 처방받아 아픈 눈에 넣으니 너무도 시원하고 잘 보였
다. 그때서야 비로소 우리 눈을 촉촉하게 적셔주는 눈물의 중요성
을 새삼 느낄 수 있었다.

숨어 있는 눈물에도 일단 감사 한 번 하고, 안과에서 처방받은
인공눈물을 신나게 넣다 보니 어느새 한 병을 다 써버리고 말았
다. 하지만 시간이 없어 미처 새로 처방을 받아오지 못했다. 한 번
인공눈물을 넣었다가 못 넣으니까 보통 불편한 것이 아니었다. 특
히 아침에 일어나서는 눈이 흐릿하니 보이지도 않았다. 그러다가
그냥 수돗물을 틀고 몇 분 간 눈을 적시기만 해도 훨씬 나아진다
는 사실을 알게 되었다. 매일 시간이 날 때마다 수돗물에 눈을 적
셨더니 굳이 인공눈물을 넣지 않아도 될 정도였다.

그렇게 수시로 머리를 세면대에 박다보니 진짜 감사거리 하나
를 얻게 되었다. 눈을 적시려고 수도꼭지에 머리를 들이대면 눈뿐
아니라 코로도 물이 들어간다. 잘못하다가는 입으로도 들어가 물
을 꿀떡 마시기 십상이다. 몇 분 동안 하다보면 숨까지 막혀온다.
아침에 일어나자마자 숨이 막히는 것이 얼마나 끔찍한 일인지 알
게 되었다.

병원에서 폐색성 폐질환을 앓던 사람들이 숨을 쌕쌕 몰아쉬면서 괴로워하고, 산소통 없이는 조금도 움직일 수 없어 힘들고 괴로워하던 모습들이 떠오르면서 나는 매일 아침에 일어나 편하게 숨을 쉴 수 있다는 것이 얼마나 감사한 일인지 알게 되었다.

만약 아직도 당신에게 감사할 일이 없다고 생각한다면, 지금 당장 화장실로 가서 수도꼭지를 틀고 흐르는 물에 코를 박아라. 거의 견딜 수 없을 때 고개를 들어보라. 숨을 쉬고 살아 있다는 것이 얼마나 감사한 일인지 알게 될 것이다.

당신은 지금 행복한 새로운 세계, 옵티미스트 공화국으로 가는 중이다. 조금 더 머리를 대고 숨쉴 수 있는 행복에 감사하라. 숨 쉬는 일에 감사해지기 시작했다면, 이제는 모든 일이 쉬워진다.

매일 매일 감사의 목록을 만들어서 적어보자. 체하거나 소화가 잘 되지 않았던 때를 생각해보자. 아무리 맛있는 음식도 배가 더 부룩하고, 아프고, 답답하고, 토할 것 같은 사람에게는 아무 의미가 없다. 밥을 먹고 소화시킬 수 있다는 것만으로도 너무나 감사할 것이다.

거대한 눈사람도 작은 고갱이에서 시작된다. 작은 고갱이를 만들어 굴리다 보면 점점 더 큰 덩어리가 만들어진다. 종자돈이 큰 부자를 만든다. 축복과 감사의 덩어리를 만들어서 굴리기만 한다면 감사가 감사를 부르게 된다.

아직도 감사가 넘치지 않는다면, 종이 한 장을 준비해보자. 맨 첫 줄에 이렇게 써보자. 종이를 구할 수 있으니 감사하다. 두 번째 줄에는 또 이렇게 써보자. 펜을 구할 수 있으니 감사하다. 세 번째 줄에는 글씨를 쓸 수 있으니 감사하다고. 이렇게 쓸 수 있을 때까지 써보자. 더 이상 쓸 수 없을 때까지 쓰고, 또 생각이 날 때마다 한 줄씩 추가해보자.

아침에 일어나서, 잠자리에 들기 전에, 시간이 날 때마다, 자신이 써 놓은 목록을 읽어보자. 진실하고 참된 감사를 할 수 있게 되면 고마운 마음, 기쁜 마음이 생기기 시작한다. 기쁨은 우리가 가지고 있는 본질에 가까운 현상이다. 기쁨이 넘친다면 그것은 본질에 가까워지고 있음을 의미한다. 반대로 기쁨이 없다면 본질과 멀어지고 있는 것이다. 기쁨이 넘치는 행복한 삶을 위해서 감사를 가득 채우자.

조금씩, 좀 더 나아지자

어렸을 때 집에 유명한 스님이 쓰셨다는 족자가 걸려 있었다. '용무생사(用無生死)' 라는 글씨였다. 살고 죽는 게 다 쓸데없는 일이다. 내 딴엔 뭐 이 정도의 뜻이 아닐까 생각했었다. 그런데 어느 날 그 글씨가 '쓰임이 없으면 산 것도 죽은 것이다' 라는 뜻으로 보였다. 그 날로 내게 지름신이 강림하셨다. 무조건 쓰고 보자는 것이 생활의 신조가 된 것이다.

좀 과격하게 말하면 '아끼면 똥 된다' 는 뜻이다. 내가 할 수 있는 것을 쌓아 두고 그대로 두지 마라. 오랫동안 내버려 두면 안 된다. 있는 능력은 그때그때 써야 한다.

당신이 어떤 재능을 가지고 있다면 그 재능을 하나하나 써나갈 줄 알아야 한다. 쓰지 않는 능력은 없는 것이나 마찬가지다. 쓴다고 닳는 것도 아니다. 능력은 써서 없어지는 것이 아니라 찾아내지 않고 쓰지 않기 때문에 없어지는 것이다. 쓰기 시작하면 스스로 충전해서 잘 돌아갈 수 있는데, 쓰지 않고 놔두면 전기가 방전되고 마는 건전지처럼 만들어서는 안 된다.

나는 썩어서 죽느니 닳아서 죽겠다.

— 죠지 스필트

자신의 숨어 있는 능력을 찾아냈으면 그것을 최적화해야 한다. 그러나 최적화하는 데에는 시간이 걸리고 그 어떤 방법으로도 단기간에 자신을 변화시킬 수는 없다. 변화는 끊임없는 훈련으로 체득하는 것이다. 아주 쉽게 배우고 당연히 할 수 있을 것 같은 일도 사실은 엄청난 시간이 투자된 것이다.

쉬운 일 중에 한 가지, 밥 먹는 것을 예로 들어 보자. 밥을 제대로 먹을 때까지 얼마나 많은 시간이 걸리는가? 엄마 젖부터 시작해서 이유식으로, 부드러운 음식으로, 맵고 짜고 거친 음식까지 어느 정도의 기간이 걸리는가?

하루 세 끼를 매일 먹어도 몇 년, 아니 몇 십 년이 지나야 가능해진다. 입에 혹은 옷에 음식을 묻히지 않고 깔끔하게 식사를 하는 것까지 목표에 둔다면 더 많은 시간이 필요하다. 자장면을 입 주변에 묻히지 않고 먹는 데는 몇 년이나 걸릴지, 하얀 와이셔츠에 육개장 국물을 튀기지 않고 먹으려면 얼마나 걸릴지.

똥을 누면서 밑을 깨끗이 닦을 수 있는 데 걸리는 시간도 마찬가지다. 요즘에야 비데가 있어 좀 덜하지만 실제로 많은 어린이들이 팬티를 더럽히고 살 수밖에 없다. 유치원 선생님의 주요 일 중의 하나가 아이들의 밑을 닦아주는 일이다.

　몇 년씩 매일 해왔던 일도 하루아침에 이루어진 것은 아니다. 자전거, 스키, 골프 등 어떤 운동도 하루아침에 이루어지는 일은 없다. 옵티미스트가 되어가는 길도 이와 같다. 결코 하루아침에 옵티미스트가 될 수 없음을 명심하자.

　에디슨의 유명한 실패 이야기. 전구를 만들기 위해서 1만 번의 실패를 거듭했다는 에디슨에게 그렇게 많은 실패를 경험한 느낌이 어떠냐는 질문을 하자 "나는 1만 번을 실패한 것이 아닙니다. 전구가 작동하지 않도록 하는 방법을 1만 가지 알게 된 것입니다"라고 대답했다고 한다. 실패를 결과로 보느냐, 하나의 과정으로 보느냐는 전혀 다른 방식이다.

　실패를 견디지 못하는 사람이 있다. 그러나 사람은 실패하게 되어 있다. 신(神)만이 완벽할 수 있기 때문에 사람이 실패한다는 것은 정말 당연한 일이다. 인생을 프로야구와 비교할 수 있다. 어떤 야구팀도 한 번도 지지 않고 우승할 수는 없다. 대개 6할 정도의 승률이면 우승할 수 있다. 정말 훌륭한 팀이 간혹 7할 정도의 승률을 올리면 기적에 가까운 일이다.

　우리는 실패하는 것을 영원히 지거나, 치명적인 것으로 치부하는 경향이 있다. 하지만 실패는 무엇인가를 이루어 가는 과정 중 하나일 뿐이다.

"요즈음 어떻게 지내세요" 라는 인사에 대한 흔한 대답 중에 "여전합니다" 라는 말이 있다. 말의 직접적인 뜻대로 전과 같다는 의미보다는 그저 그렇다, 별 변화가 없다라는 느낌으로 가볍게 하는 말일 수 있다. 그러나 무서운 것은 그 안에 숨어있는 의미이다. 전하고 똑같다, 하나도 나아진 것이 없다는 것은 그야말로 가장 나쁜 말일 수 있는 것이다.

살아있다는 것, 즉 생명의 가장 중요한 요인은 변화일 것이다. 생명은 끊임없이 변화한다. 변하지 않는 생명은 이미 죽은 것이나 마찬가지다. 가만히 있으면 썩을 수밖에 없다. 무엇인가 변화를 계속하려는 태도를 가져 보자.

자신의 능력을 여건에 맞추는 것이 필요하다. 능력이 없는 사람이 엄청나게 크고 중요한 일을 해야 한다면 스트레스를 견디기가 어려울 것이다. 불안해서 어쩔 줄 몰라 하고, 너무 과도한 업무 부담으로 인해 지칠 수밖에 없다.

반대의 경우에도 문제는 생긴다. 능력은 넘치는 데 아주 단순한 작업만 시키는 직장에서 일하게 되었다고 생각해보자. 얼마나 지루하고 따분하겠는가? 간신히 하라는 일만 억지로 하면서 지루한 삶을 살게 될 것이다. 점점 따분하고 게을러지면서 인생이 비참해진다.

자신이 지니고 있는 능력과 자기가 실제로 차고 있는 일이 딱 맞아 떨어지면 재미있고 신나게 일을 할 수 있다. '플로우' 라는 말이 있다. 너무도 재미있는 일을 하고 있으면 정말 시간 가는 줄을 모르게 되는 상태를 일컫는 말이다.

일을 하면서 플로우 상태를 유지할 수 있다면 얼마나 좋을까. 옵티미스트는 매사가 플로우가 될 수 있도록 나를 최적화해야 한다. 쉬운 일에는 약간의 능력을, 어려운 일에는 최고의 능력을 발휘하면서 플로우 상태를 만들어야 한다.

문제는 내게 주어지는 과제가 나의 능력과 수준을 맞춰 주지는 않는다는 것이다. 쉬운 일이 주어질지, 어려운 일이 주어질지는 전적으로 내가 처한 여건에 따라 달라질 것이다.

실현 가능한 과제를 설정하고 한 단계씩 발전하는 자신을 지켜보기 바란다. 자신의 능력에 맞는 자기계발을 해야만 몰입할 수 있다. 능력이 모자라는데 과제의 수준이 높으면 불안해지고 스트레스만 쌓인다. 능력과 과제에 적합한 자기계발이 필요하다.

요즘은 어떤 기업이든지 비전을 강조한다. 비전이 있는 기업만이 살아남는다고 한다. 사람도 마찬가지다. 미래에 대해서 뚜렷한 이미지를 가져야 한다. 그리고 그런 이미지가 우리의 뇌에 각인되게 해야 한다.

사람은 상상하는 것만 이룬다. 아니 상상한 것, 그렇게 해야 하겠다고 마음먹은 것은 다 이룰 수 있다. 그러나 상상하지 못했던 것은 이루기가 어렵다.

목표를 정했으면 절차탁마해야 한다. 끊임없이 열심히 달려가야 한다. '공든 탑이 무너지랴' 라는 속담이 있지만, 가끔은 공든 탑도 무너진다. 공만 들여서는 성공하기 힘들다. 그러나 공들이지 않는 탑은 확실하게, 100% 무너진다.

> 구도자가 산꼭대기 올라가 현자에게 물었다.
> "지혜는 어디에서 오는 것입니까?"
> "좋은 판단에서 온다."
> "그러면 좋은 판단은 어디에서 옵니까?"
> "경험에서 온다."
> "그러면 경험은 어디에서 옵니까?"
> "나쁜 판단에서 온다."
>
> — 고대 수피의 이야기

실패를 개인적인 문제로 받아들이지 마라. 실패는 '실을 묶어 놓은 타래' 일 뿐이며 포기는 '배추를 세는 단위' 에 지나지 않는다. 실패는 그냥 실패일 뿐이다. 내가 실패자라는 생각은 접어라. '실패자' 라는 것은 존재하지 않는다. 행동이 실패한 것이지, 내가 실패자가 된 것은 아니다.

미국 영화를 보면 잘 있던 사람이 어떤 말에 갑자기 확 돌아서 결투를 청하는 장면이 많다. 자세히 들어보면 "loser" 라는 소리에 욱해서 그러는 것이다. 영화의 자막에는 '실패자' 라는 글이 뜬다. 우리말로는 별로 마음에 와 닿지 않지만, 실패자라는 소리를 들으면 목숨을 건 결투를 할 정도로 화가 치솟는다는 이야기다. 실패자라는 말이 이렇게 돌이킬 수 없는 상태를 만들어내는 것이다.

자신을 실패자로 몰지 말자. 자신이 실패한 것이 아니라 자신의 '이번 행동'이 실패한 것이다. 실패는 항상 있을 수 있는 일이므로 문제 삼을 필요는 없다.

그런데 과연 실패를 했을 때는 어떻게 해야 할까. 답은 간단하다. 계속, 계속 진행하라. 가만히 있는 것은 아무런 도움이 되지 않는다. 계속 달리는 힘은 무궁무진하다.

서 있는 기차 바퀴 앞에 3cm짜리 받침돌을 올려놓아 보자. 이제 막 시동이 걸리는 기차가 그 받침돌을 넘어가는 것을 결코 쉬운 일이 아니다. 그러나 기차가 빠른 속도로 달리고 있다면 30cm, 어쩌면 3m의 장벽도 부수고 넘어갈 지 모른다.

그렇다고 계속 가기만 해서는 안 된다. 그 속에서 교훈을 배워야 한다. 같은 실패를 반복해서는 안 된다는 것. 그게 가장 어려운 일이다. 사람은 늘 자신이 하던 대로 하게 되어 있어 실패를 반복한다. 물론 계속 도전하는 것도 좋지만 같은 방식으로 계속 실패를 한다면 언제까지 그 일을 반복할 것인가. 열심히 쉬지 않고 달려와 놓고 "여기가 아닌가?" 하는 식이 돼서는 안 된다.

대전에서 부산으로 가야 하는데 방향을 잘 못 들어 서울로 가게 된 격이다. 서울에서 내려오는 기차들과 마구 부딪히게 된다. 탈선 위기도 겪고 부딪히고 밀어내면서 아수라장 끝에 역경에 역경을 딛고 종착역에 도착 했다.

그런데, 그렇게 힘들게 도착한 곳이 원래의 목적지인 부산이 아니라 서울이라면 정말 난감한 일이 아닐 수 없다. 우리가 지금 그렇게 살고 있는 것은 아닌지 한 번 돌아봐야 한다.

실패나 실수는 노하우 축적의 수단이어야 한다. 실수를 통해 많은 것을 배울 수 있다. 남이 실수를 했다고 치자. 웃어넘길 수 있는 일이 대부분이다. 내 자신의 실수에도 웃어넘길 수 있는 여유를 가지고 그 실수를 통해 교훈을 배우자. 교훈을 얻지 못하는 실수는 반복할 필요가 없다. 실수를 반복하는 것은 자신이 노력하지 않았기 때문이다. 실수에서 배울 수 있게 되면 나날이 나아지는 두 번째 원칙을 지킬 수 있게 된다.

항상 내 인생이 날마다 조금씩 좋아지고 있다고 스스로에게 암시를 걸자. 하루하루가 지날수록 점점 더 건전해지고, 건강해지고, 순결해지고, 완숙해지고 있다는 것을 믿어야 한다.

물론 그런 일들은 하루아침에 이루어지지 않으며 대부분의 사람들은 원하는 바가 지금 당장 이루어지기를 바라기 때문에 참고 견디는 것이 쉬운 일은 아니다. 이것을 인내하는 것이 바로 당신이 할 일이다. 인내심을 가지고 태어난 사람은 거의 없다. 견딜 수 있는 힘을 근본적으로 타고나는 사람은 없다. 마냥 견디어 나가는 것이다.

천재 물리학자 앨버트 아인슈타인은 네 살까지 말을 못하고 일곱 살까지 글을 읽지 못했다.

베토벤은 음악 교사에게서 "작곡가가 될 가망이 없다"는 말을 들었다.

월트 디즈니는 아이디어가 없다는 이유로 신문사에서 해고당했다.

톨스토이는 낙제생이었다.

파스퇴르는 대학에서 화학 과목을 잘 못했다.

에이브러햄 링컨은 블랙호크전쟁에 사령관으로 참전했다가 졸병으로 퇴역당했다.

윈스턴 처칠은 중학교 때 낙제생이었다.

'배는 항구에 있으면 안전하지만 항구에 있기 위해 만들어진 것이 아니다' 라는 말을 잊지 말자. 우리 인생은 기다리고 있으라고 있는 것이 아니다. 견디기 어렵더라도 항해를 하는 것이 우리의 미션이다. 인내하는 도중에도 내 인생은 날마다 조금씩 좋아지고 있다는 사실을 믿어야 한다. 육체, 정신, 영혼이 하루가 지날수록 더 좋아지고 깨끗해지고 있는 것이다.

낙제를 했지만 끝까지 인내했던 윈스턴 처칠이 그로톤고등학교를 졸업한 지 55주년을 맞는 졸업식장에서 후배들에게 인생의 좌우명으로 한 세 마디의 연설을 잊지 말자.

"지속하라! 지속하라! 지속하라!"

어떻게 나를 만들어 나가야 하는지 생각해보자. 나의 모습이 잘못되어 있다는 것을 인정해야 한다. 나 자신을 포함해서 세상 모든 것이 완벽할 수는 없다. 항상 보수해야 하고, 항상 고쳐야 하고, 항상 바로잡아야 한다. 비행기가 인천 공항을 이륙해서 뉴욕으로 가고 있다고 하자. 비행기가 가기 위해서는 가상의 선이기는 하지만 인천에서 뉴욕으로 가는 항로를 타야 한다. 과연 비행기가 그 항로에서 한 점도 벗어나지 않고 가고 있을까.

그렇지는 않다. 평안하게 가는 것 같지만 항상 가상의 선을 벗어나고 있고 컴퓨터와 조종사들의 능력으로 그 항로를 잡아가면서 가고 있다. 어떤 기준에서 조금 벗어났다고 큰 문제가 되는 것은 아니다.

사람은 항상 미흡하고 부족하고 완벽하지 않은 존재이다. 문제의 관건은 회복하느냐 그렇지 못하느냐에 있다. 그리고 바로 문제를 회복하는 힘을 가지고 있느냐가 중요하다. 우리가 어디로 가고 있는지 명확하게 알기만 한다면 모든 역량을 기울여 벗어난 항로를 되잡는데 전력을 다해야 한다.

항로에서 조금 벗어났다고 끝나는 것이 아니다. 방향만 잘 잡고 있으면 된다. 차라리 좀 막히고 어려운 길로 가고 있더라도 방향만 정확하다면 결국은 목적지에 도착할 수 있다. 그러나 방향이 틀리면 아무리 쉬운 길로 가도 결국은 실패하게 된다.

설날과 추석의 귀성길을 생각해보자. 부산 가는 길은 꽉 막혀 있고 서울 가는 길은 뻥 뚫려 있다고 해서 가야 할 방향을 바꿔 뻥 뚫린 서울 길을 택해서 가는 사람은 없다. 그러나 우리 삶에서는 의외로 이렇게 사는 사람들이 많다. 방향이 틀렸는데도 불구하고 편하다고 해서 반대방향으로 질주해 버린다. 결국 끝까지 가고 나서야 "이 산이 아닌가" 하는 경우가 있다.

　일단 방향을 잘 잡고 계속 수정에 수정을 거듭하면서 나아가자. 나의 마음속에 좋은 파워가 있고 그 파워를 믿고, 반드시 된다는 희망을 가지고 기다리자.

이 세상에는 위대한 진실이 하나 있어.

무언가를 온 마음을 다해 원한다면 반드시 그렇게 된다는 것이야. 무언가를 바라는 마음은 곧 우주의 마음으로부터 비롯된 때문이지.

이것을 실현하는 게 이 땅에서 자네가 맡은 임무야.

　　　　　　　　　　　　　　　　－ 파울로 코엘료 《연금술사》 중

섬기자

옵티마 9의 완성 단계의 마지막 원칙은 어쩌면 가장 지키기 어려운 것일 수도 있다. 하지만 이 원칙만 지켜나갈 수 있다면 우리가 원하는 것은 거의 이루어진 것이다. 이 고지를 점령하면서부터 진정한 옵티미스트로 탄생되는 것이다.

옵티미스트의 마지막 강령은 섬기는 것이다. 어떻게 보면 가장 중요한 단계일 수도 있다. 자신이 얼마나 소중한 사람인지 알고, 또 나 이외에 다른 사람도 소중하다는 것을 알았기 때문에 왜 돌봐야 하는지도 알게 되었을 것이다. 무엇보다 중요한 것은 가장 소중한 것이 사람이라는 사실이다. 일보다, 돈보다, 시간보다, 그 어느 것보다도 중요한 것이 사람이라는 사실을 잊어서는 안 된다.

돈 좀 벌어서, 여유가 좀 더 생기면, 마음이 덜 바빠지면 해야지 하고 미루지 말자. 아이들과 같이 밥을 먹고, 공을 던지고, 같이 영화를 보고, 산책을 하는 즐거움은 나이가 들면 도저히 다시는 맛

볼 수 없을지도 모른다.

일이라는 건 사실 힘들다고는 해도 재미있는 부분도 있다. 어느 정도 성취감도 얻게 되고, 보상도 받을 수 있다. 돈도 벌고, 인정도 받고 하면서 일로 만나는 사람들과 동료들도 중요한 사람으로 여겨진다.

가족, 친구, 이웃들과 많은 시간을 보내고 이야기하고 웃고 떠들어보자. 내가 이들을 돌보는 것이 나를 돌보는 길이라는 것을 곧 알게 될 것이다.

나를 둘러싼 환경에서 가장 중요한 것이 사람이다. 자신을 사랑하는 만큼이나 다른 이들도 사랑해야 한다. 옵티미스트는 나 자신만 잘 살면 된다는 식의 사고방식과는 거리가 멀다. 한 사람의 옵티미스트가 이 사회를 얼마나 풍요롭게 만들 수 있는지를 생각해보자.

한국의 모든 옵티미스트들이 만나는 모든 사람들에게 친절과 호의를 베풀고 그 사람들이 다시 다른 사람에게 친절과 호의를 베풀고. 그런 일이 릴레이로 일어난다면 파급된 효과는 실로 엄청난 반향을 불러일으킬 것이다.

이는 인간의 존엄성에 대한 태도와 가치관을 확립하는 일이기도 하다. 인간이 인간답게 살아갈 수 있도록 도와주는 실천적인 일인 것이다. 즉, 개인이 행복한 마음으로 살 수 있도록 도와주는 것이 남한테 잘해야 하는 궁극적인 이유이기도 하다. 모든 것은 언젠가 자신에게 되돌아온다는 사실을 염두에 둔다면 더더욱 다른 사람들에게 친절해야 한다.

당신은 인생을 살면서 매일 새로운 가치를 창출한다. 일을 하면서, 새로운 지식과 경험을 늘리면서 무엇보다도 새로운 사람들을 만나는 일을 가장 중요하게 생각한다. 당신의 주체할 수 없는 기쁨을 만나는 누구에게든지 전달할 수 있게 된다.

사람들을 만나는 것이 즐거워진다. 누군가 당신을 괴롭히는 사람이 있다면 그는 당신이 조금 더 튼튼하고 훌륭한 플레이어가 될 수 있도록 도와주는 트레이너이다. 돈 한 푼 주지 않고 훌륭한 트레이너를 고용했다고 생각하자.

누군가 당신에게 시비를 건다면 오히려 고맙게 생각하자. 당신의 성품을 발전시켜주러 나타난 고마운 스승이다. 남이 준 것은 그것이 무엇이든 충분하다고 생각하고, 내가 줄 수 있는 것은 무엇이든 더 줄 수 있는지 생각해보자.

옵티마 9의 완성 단계를 거치면서 많은 사람들이 옵티미스트로 변화했다. 그러나 이제부터는 자꾸 확인해야 하는 일들이 있다. 자신이 진짜 이것들을 알고 있는지 확인하고 머릿속에 새겨야 한다.

나의 가치를 알자

숨을 들이마시는 것과 내쉬는 것에 집중해보자. 어떻게 자신도 모르게 들숨 날숨이 쉬어지는지 근사하다는 생각이 든다. 하지만 이것을 의식적으로 하려고 하면 병이 난다. 신기한 일이다.

조물주가 만들어 놓은 기적의 산물은 바로 나 자신이다. 고기를 먹고, 김치를 먹고, 밥을 먹은 것이 어떻게 에너지로 바뀌어 육체를 움직이게 만들고, 때가 되면 잠이 들고 아침이면 깨어나게 되는지 참으로 놀라운 일이다. 이게 고장나면 병이 생긴다. 아무런 병 없이 자고 깰 수 있다는 것이 얼마나 감사한 일인지는 그것을 놓쳐보지 않은 사람은 알 수가 없다.

우리는 뛰어난 오감을 가지고 있다. 별도 보고 오늘의 공기가 어제와 뭐가 다른지 냄새도 맡아 보고 가로수의 잎사귀가 어떻게 달라졌는지 알아볼 수도 있다. 하지만 우리는 이런 오감을 이용해 살기보다는 머릿속에서 생각하는 것에 지배되어 사는 경우가 많다.

길을 걸으면서 발에 느껴지는 감각에 집중하는 것이 아니라 지나가는 것들을 보고 나서 머릿속으로 그 생각을 하느라 정신이 없다. 'BMW가 지나가네. 저 자식은 뭘 해서 돈을 벌었을까. 사기꾼 같은 놈. 그런데 나는 왜 돈이 없을까.'

모든 것이 이런 식으로 굴러간다. 내가 느끼는 발바닥의 감촉을, 놀랍게 균형을 잡고 있는 나의 감각에 감동해 보는 것은 어떨까.

지금 발에 땅을 대고 발바닥에서 어떤 느낌이 드는지 생각해보자. 발바닥은 미묘한 조화를 이루고 있다. 아무리 두꺼운 구두를 신었어도 발은 융단이 깔렸는지, 딱딱한 타일 바닥인지 알고 있다. 아무리 정밀한 기계를 만들어도 그것이 잔디인지, 까실까실한 풀인지, 푸석푸석한 덤불인지를 구분해내는 발의 감각까지 그대로 만들어내지는 못할 것이다.

이런 식으로 자신의 신체 감각에 집중해보는 것이 큰 도움이 된다. 걸을 때 발바닥의 감각, 말할 때 입과 입술이 어떻게 움직이는지, 입이나 코로 어떻게 호흡하는지, 다양한 자세로 있을 때 손을 어떻게 두고 있는지.

나만의 방법으로 하루에 하나씩 자신의 신체 부위 중 한 가지에 집중해보자. 이런 느낌을 느낄 수 있는 신체 컴퓨터를 만들어보자.

사고로 반신불수가 된 사람들은 휠체어에 앉아 있는 것만 해도 어렵고 힘을 써야 하는 일이란다. 점점 팔뚝이 굵어지는 것은 힘을 주고 휠체어를 붙잡고 있어야 하기 때문이다. 그러나 멀쩡한 사람은 그저 서 있고 앉아 있는 것이 항상 쉬운 일이라고 생각한다. 하지만 이것은 기적이다. 어떠한 로봇이나 짐승을 나처럼 만들 수 있겠는가. 단지 계단을 걸어갈 수 있는 로봇을 만들었다고 세상이 뒤집힌다. 나와 같은 작용을 하는 로봇은 10억을 준다고, 100억을 준다고 만들 수 있는 것이 아니다.

따라서 아무리 돈을 많이 벌어도 나를 채울 수는 없다. 오늘을 미리 살아본 사람은 없을 것이다. 오늘은 새 날이다. 내 인생에서 한 번도 살아보지 않은 단 하루인 것이다. 실행해야 한다. 생각은 있지만 행동이 없는 것은 번민에 지나지 않는다.

사람들은 흔히 풍요로움을 돈이라고 생각한다. 그러나 돈이 우리의 가치를 결정하는 것도, 돈이 많다고 더 나은 사람이 되는 것도 아닌데 '내가 돈을 더 벌면 원하는 것을 할 수 있을 텐데', '누구는 돈을 더 버는데 나는 뭔가' 라는 생각에 짓눌려 살고 있다.

사회는 계속해서 돈을 더 벌라고 강요한다. 돈을 더 쓰라고 강요하기도 한다. 그러면서 질투심, 경쟁심, 탐욕, 열등감 같은 부정적인 감정만 커져간다. 그러다 보면 돈이 없어서 자살을 하고, 가출을 하고, 살인까지 하는 일이 벌어진다.

풍요로움은 나의 진정한 가치를 찾는 데서 온다. 아무리 부자라도 항상 부족한 점이 있을 수밖에 없다. 거기에만 연연해서는 견딜 수 없다.

자기 자신이 가지고 있는 것에 집중해보자. 가지고 있는 재력,

가지고 있는 건강, 가지고 있는 능력, 가지고 있는 사랑에 집중할 때 나의 가치를 회복할 수 있다.

회사에 다니다 보면 가치 경영에 대한 이야기를 자주 들을 수 있다. 기업의, 상품의 브랜드 가치를 높이자는 이야기를 많이 한다. 그러다 보니 일반 사람들도 자신의 브랜드 가치를 높이는 것이 매우 중요한 일인 것처럼 되는 경우가 많다.

나의 브랜드 가치를 높이기 위해서 아무 일이나 하는 사람이 많다. 그러나 나 자신의 가치를 이런 브랜드 가치에만 두어서는 안 된다. 상품은 아무리 가치가 높아져도 그저 상품에 지나지 않는다. 하지만 나는 그 무엇과도 바꿀 수 없는 이 세상 하나밖에 없는 유일한 존재라는 것을 잊지 말자.

지금 이 순간의 삶을 깨닫자

이제는 삶이 바뀌기 시작한다. 삶의 본질을 찾을 수 있다. 삶의 원칙을 찾을 수 있다. 수많은 리더십이나 라이프코칭 관련 책에서의 공통적인 원칙을 발견하게 될 것이다. 바뀐 삶으로 새롭게 밝아오는 날을 맞이해야 한다. 지금 여기, 이 순간에 충실하자.

내일 일은 내일 고민해야 한다. 내일은 안 올 수도 있다. 얼마나 많은 사람들이 밤새 죽는지 모른다. 우리나라엔 얼마 전까지 "밤새 안녕하셨습니까?"라는 인사도 있었다. 사실 밤사이 안녕은 아무도 보장할 수 없다. 오늘 밤이 그런데 내일 또 그 다음날을 어떻게 보장할 수 있을까.

그렇다고 대충 막 살라는 말이 아니다. 내 삶이 오늘 끝날지도 모르는데 대충 살 수 있는 사람은 없을 것이다. 오히려 내가 얼마나 귀한 존재인지 더 잘 알 수 있지 않을까.

'마인드풀니스'라는 말이 심리학계를 강타하고 있다. '마음챙김'이라는 말로 번역을 할 수 있지만 영어로 'Mindfulness'도

신조어이기 때문에 적당한 표현이 없다.

사실 이 단어의 개념은 전적으로 동양에서 기원한 것이다. 갈등을 해결하는 데에 초점을 두었던 정신 분석이 합리적인 사고를 강조하는 인지치료로 유행을 바꾸어 탔지만 그것만으로는 사람의 고통을 해결할 수 없다는 것을 알게 되었다.

그 후 소위 '내관(內觀)'이라고 할 수 있는, 있는 그대로를 받아들이는 '마인드풀니스'가 뜨게 되었다. 마인드풀니스의 핵심은 떠오르는 번민 속에 빠지지 말고 바로 지금 이 순간에 집중하는 것을 배우는 것이다.

나중에 행복해지는 것이 아니다. 지금 이 순간이 바로 그 순간이고, 어쩌면 최후의 순간일 수도 있다. 바로 지금 여기에서 이루어져야 하는 것이다.

로빈 윌리엄스가 전통 대입 예비학교에서 인습에 젖어 있는 학생들에게 뜨거운 마음을 안겨주는 존 키팅이라는 교사로 열연한 영화 〈죽은 시인의 사회〉를 떠올려보자. 그가 학생들에게 강조한 라틴어 '카르페 디엠(Carpe diem)'의 의미를 떠올려보자.

그대들이여 할 수 있을 때 장미 봉오리들을 따라.
태초부터 시간은 쉬지 않고 강물처럼 흐른다.
오늘 미소 짓는 바로 이 꽃이
내일은 죽어갈 것이니
카르페 디엠, 오늘을 잘 사용하라.

무엇을 하든지 '카르페 디엠'을 잊지 말자. 지금 이 순간만이 내 인생에서 제일 중요한 것이다. 아니 오직 이 순간밖에 없다고 생각해도 좋다.

운동을 해도 카르페 디엠, 유명 스포츠 스타들이 경기를 성공적으로 마치고 하는 말도 대부분 그 순간을 즐기면서 열심히 했다는 것이다. 공부를 해도 카르페 디엠, 공부하는 오늘 하루를 잘 사용해라. 물론 일을 해도 카르페 디엠이다. 매사를 카르페 디엠으로 사는 사람이 오늘과 또 다른 오늘을 모아 나간다면 그 파워는 실로 엄청날 것이다.

현재, 지금에 살아야 한다. 과거에 사는 사람은 죄책감, 잘못했던 일, 왜곡된 관계 때문에 힘들 수밖에 없다. 아름다움만으로 이루어진 삶은 없다. 따라서 항상 후회가 넘칠 수밖에 없다. 반대로 과거가 좋았다고, 그 때가 행복했다고 생각하는 사람은 지금이 그 때만 못해서 항상 불만일 수밖에 없다.

또한 미래에 사는 사람은 늘 불확실성, 어떤 안 좋은 일이 벌어질 것 같은 불안감, 두려움, 어떻게 될지 모른다는 걱정 속에서 살수밖에 없다. 하지만 이렇게 과거나 미래에만 생각이 고정되는 것도 아니다. 우리들 대부분은 과거와 미래를 왔다갔다 하면서 산다. 일어난 일에 대한 후회, 추억을 되씹거나 앞으로 다가올 일을 걱정하거나 기다리면서 살아간다.

현재에 사는 것은 지금 나의 존재를 알아내는 것이다. 하지만 안타깝게도 사람은 과거에 살거나 미래에 사는 것에 더 익숙하다. 그렇기 때문에 존재를 깨우치기 위해서는 끈질긴 연습이 필요하다. 도를 닦는 정도의 강한 수련이 필요한 것이다. 자신을 들여다 볼 수 있는 시간을 마련해서 자신의 존재를 바라보고 순간순간에 끌려 다니지 않도록 해야 한다.

하지만 아무리 현재의 존재 자체에 집중하려고 해도 우리의 의식은 무엇인가에 사로잡히게 마련이다. 주변에서 들리는 소리나 빛에 신경을 쓰거나 과거에 있었던 일, 앞으로의 일에 대한 걱정에 사로잡히게 된다.

모든 명상 프로그램이 '바로 지금 여기에' 집중하라고 하는데, 이것이 얼마나 어려운지는 해 본 사람만이 알 수 있다. 아무리 생각을 다잡으려고 해도 생각은 어느새 다른 곳으로 달아나 버린다.

어느 날 무지개를 보았다고 하자. 우리는 어떤 생각을 할까. 무지개의 아름다운 색과 그 빛과 그 느낌에 온전히 빠져들었다고 생각하지만, 대개 그런 것은 몇 초에 지나지 않는다.

머릿속 깊은 곳에서는 지난 번 무지개를 같이 봤었던 헤어진 연인을 생각하고 있을지도 모른다. 혹은 앞으로 사랑하는 사람과 무지개를 함께 봤으면 좋겠다, 여기에 누구와 있었으면 좋겠다라는 생각이 들 수도 있다. 무지개에 집중하지 못하고 무지개와 관련된 기억 혹은 의지에 지배당하기 시작하는 것이다.

항상 사람들은 현재의 의식 자체로 느끼는 것이 아니라 자신의 경험에 의하여 자신의 생각을 느끼는 경우가 많다. '지금 이 순간을 살자' 라는 것은 이렇듯 '경험의 자신' 에서 '현 순간의 자신' 으로 돌아가는 훈련을 하는 것을 의미한다.

이런 연습의 첫 단계는 그야말로 순간순간을 느끼고 즐기는 것에서부터 시작된다. 사소한 집안일도 이런 순간의 기쁨을 느끼는 도구로 사용하자. 빨래도, 청소도 그저 재미있는 일로 생각 하자. '내가 왜 이 일을 하고 있지', '어이구, 내 신세야' 라는 마음은 버려야 한다. 매 순간에 집중하면 그 순간이 기적이라는 것을 알게 될 것이다.

하늘을 보면서, 해를 보면서, 달을 보면서, 별을 보면서, 동물을 만지거나 화초를 바라보면서, 바람을 느끼는 모든 순간 그저 그 순간에 집중하는 연습을 반복하자. 내가 이렇게 살아있구나 하는 감격에 벅차오를 때가 올 것이다.

나무를 껴안고 "우리는 한결 같은 친구"라고 속삭인다.
밤하늘을 우러러 별을 보고 "너를 잊지 않게 해줘"라고 얘기한다.
혼자서도 큰 소리로 어린 날에 좋아했던 동요를 불러본다.
찬물 한 잔에도 "아!"하고 감탄사를 내뱉는다.
아이와 1 분 이상 눈 맞춤을 한다.

사랑하는 사람 사진을 하루 한 번 이상 들여다본다.

흰 구름한테 손을 흔들어준다.

TV · 오디오 등 모든 전자음을 잠재우고 바깥의 바람 소리에
귀를 기울여본다.

일주일에 한 번은 전깃불을 모두 끄고 촛불 아래에서
책을 본다.

차를 마실 때 오늘 본 꽃을 화제로 삼는다.

어린시절로 돌아간 기분으로 책상 밑에서 발장난을 건다.

버려질 종이 위에 "사랑하는 어머니"라고 낙서해 본다.

친구한테 전화를 걸어 감동받은 시를 읽어준다.

어린이의 천진한 그림을 책상 유리 밑에 넣어두고 본다.

지는 해한테 "내일 또 뵙지요"하고 인사한다.

지금까지 달려온 우리의 목표는 창조다. 단순한 보수가 아니
다. 배관과 전기와 시설까지 완전히 다 뜯어서 새롭게 고치는 리
모델링이라고 생각하자.

이 세상에서 가장 아름다운 작업이 창조이다. 없던 것을 새롭
게 만드는 일이다. 많은 예술가들이나 과학자들, 엔지니어들이 세
상에 없던 것을 새롭게 만들어내는 일에 일생을 바치고 있다. 그
기쁨과 보람은 이루 말할 수 없지만, 이를 위해서는 피를 말리는
노력이 필요하다.

이 세상에서 가장 귀한 것은 사람이다. 단 한 사람의 목숨이 모든 세계보다 더 소중하다. 그렇다면 그런 사람 중에 누가 가장 귀한 사람일까. 이런 질문에는 흔히 내 아이라는 답이 먼저 나온다. 만약 아직 아이가 없다면 아내나 남편 또는 부모, 형제, 친구라는 대답이 나올 수 있겠다. 하지만 과연 이런 답이 정답일까.

아니다. 이 세상에서 가장 귀한 사람은 바로 나 자신이다. 내가 없으면 아이도, 아내도, 남편도, 부모도, 친구도 없는 것이다.

그 많은 사람 중에 가장 귀한 사람인 나를 새롭게 창조하는 일이야말로 내가 해야 하는 가장 귀하고 의미 있는 일이다. 가장 아름답고, 가장 귀하고, 가장 필요한 일은 결국 나를 새롭게 만들어나가는 것이다. 하지만 과연 얼마나 많은 사람들이 이런 일에 매진하고 있을까.

인생의 목표에서 가장 중요한 것은 나를 새롭게 만드는 것이다. 여러분은 주변에서 이런 목표를 가지고 살아가는 사람을 본 적이 있는가. 이제 우리가 그런 과정 앞에 선 것이다. 삶에 대해서 진지해지자.

오늘은 다시 돌아오지 않는다. 돈을 좀 벌고 나면, 나이가 좀 더 들고 나면, 삶에 여유가 좀 더 생기고 나면, 아이들이 학교에 들어가고 나면, 그렇게 자꾸 늦추다보면 그 때는 이미 너무 늦어 버린다. 오직 지금이다. 나를 새롭게 만들 수 있는 시기는 바로 지금이다. 지금이 지나면 늦어 버린다.

나의 가장 고귀한 과업인 나의 재창조 작업을 시작하지도 못하고 삶을 마치지는 말아야 한다.

일단 시작하자. 바로 지금 이 순간!

사랑을 확인하자

삶의 본질에 가까워질수록, 옵티미스트가 되어갈수록 우리의 삶은 사랑으로 가득 차게 된다. 모든 것이 가득 차서 넘치는 행복의 근원으로 변화하게 된다. 가득함이 삶의 구석구석에 배어나게 된다.

주변에 있는 누구라도, 이 세상에 존재하는 누구라도 사랑할 수 있는 사람이 되는 것이다. 나 자신을 사랑하고 나를 둘러싼 주변 사람들을 사랑할 수 있게 된다. 가족, 친구, 이웃, 그리고 주변의 모든 사람들을 사랑할 수 있게 된다. 하늘도, 땅도, 별도, 달도 모두 다 사랑할 수 있게 된다.

많은 동서양의 선현들이 제대로 세상을 사는 법이 무엇인지 알아내려고 노력했다. 삶의 의미와 가장 잘 사는 삶이 무엇인지 알아보려고 했다. 도를 깨우치려고도 했고 자신이 우주 전체라고 하기도 했다. 그러나 삶의 본질을 알아내면 알아낼수록 우리 자신보다 훨씬 거대한 존재, 성정, 도, 본질 같은 엄청난 영적인 존재와 마주칠 수밖에 없다. 이러한 본질이 내 자신 안에 있다는 것을 깨우치는 것이 바로 옵티미스트의 완성이다.

사람이라면 누구나 가지고 있는 이 본질을 깨우치고 나면 이제까지의 내가 있게 한 나의 본질, 나의 원칙이 다른 사람에게도 있다는 것을 알게 된다. 그렇게 되면 다른 어떠한 사람이라도 사랑할 수 있게 된다. 나의 본질을 찾고, 그것을 사랑하고, 이러한 본질을 가진 다른 사람도 사랑할 수 있게 되는 것이 옵티미스틱한 태도이다. 굳이 도를 닦지 않더라도 옵티미스틱한 태도를 배우고 익힘으로써 도에 가까워지는 것이다.

사랑이 넘치는 사람 옆에 있다고 생각해보자. 나 또한 행복해질 것이다. 남을 행복하게 해주는 것이 옵티미스트의 기본 핵심이다. 그러나 자신이 행복하지 않은 사람은 결코 남을 행복하게 해줄 수가 없다. 주체할 수 없을 만큼 행복이 샘솟아 그 넘치는 여력으로 옆에 있는 사람에게 행복을 전해줄 수 있을 때 진정한 행복이 찾아온다. 옵티미스트는 자신이 이미 행복의 근원이다. 아니 행복, 그 자체이다.

자전거가 귀하던 시절이었다. 어떤 사람이 새 자전거를 갖게 되어 너무 좋아하고 있었다. 벌어진 입을 다물 줄 모르며 연신 만지고 닦고 뿌듯해 하고 있었다. 지나가던 어린이가 "와! 새 자전거다"하고 좋아하면서 여기저기를 만져봤다. "아저씨, 이 자전거 어디서 났어요, 사셨어요?"라고 물었다. 자전거 주인은 재듯이 이야기했다. "응, 아저씨 형이 있거든, 그 형이 사줬어, 왜 너도 자전거를 사줄 형이 있으면 좋겠니?"라고 물었다.

아이는 눈을 반짝반짝하면서 말했다. "아니요, 전 동생이 있거든요. 그 동생에게 꼭 이렇게 멋진 자전거를 사줄 거예요." 아이의 대답에 아저씨는 그만 머쓱해지고 말았다.

누군가 자전거를 사주기 바라는 아저씨와 자기가 자전거를 사주고 싶어 하는 어린이, 과연 누구의 인생이 더 행복한 것일까.

> 다른 사람을 위해 해줄 수 있는 가장 큰 선행은, 자기의 부를 나눠 주는 것이 아니라 그 사람 자신의 부를 깨닫게 해주는 것이다.
>
> — 벤저민 리즈레일리

사랑은 어디에나 존재한다. 우리는 그런 사랑을 얼마나 느끼고 살고 있는가. 한 번쯤 자신이 충분히 사랑하면서 살았는지, 지금 현재 누군가를 사랑하고 있는지 돌이켜 볼 필요가 있다. 부모와 자식 간의 사랑, 연인끼리의 사랑, 친구들 간의 우정, 직장 동료와의 동료애, 그 어떠한 형식도 사랑이다. 따라서 세상 그 어디에도 사랑은 존재하는 것이다.

9 · 11 테러 희생자들이 남긴 마지막 메시지는 대부분 사랑의 메시지였다고 한다. 우리는 죽을 때 "사랑해", "보고 싶어"라는 말을 남기고 삶을 마친다. 왜 살아있을 때 더 많이 얘기하고 실천하지 못하는지 아쉬운 일이다.

죽을 때 무엇을 하면서 죽을 것인지 생각해보자. 돈이 좋아서 평생 돈만 쫓아서 살았다고 하자. 죽어가면서 통장을 가득 손에 들고 기뻐하며 죽는 사람은 없을 것이다. 집문서를 한 움큼 쥐고서 장렬히 전사할 사람도 없을 것이다. 누군가 죽을 때 찾는 것은 결국 사람이다. 당신의 인생에서 무엇이 가장 귀한 것인가를 알아야 한다.

하지만 세상엔 돈이 나를 행복하게 해줄 거라고 속고 사는 사람이 많다. 그저 통장에 찍히는 숫자의 단위가 하나씩 늘어나는 것에 인생을 걸고 산다. 스스로 아파트 화장실 크기만 넓히다가 죽는 것에 인생을 걸고 있다면 왜 돈을 벌고, 왜 넓고 좋은 집에서 살려고 하는지 생각해보자. 아마도 사랑하는 사람들과 행복하게 살기 위해서일 것이다.

사람은 돈이나 집, 좋은 차만으로는 결코 행복해지지 않는다. 그렇다면 무엇이 나를 가장 행복하게 만들어줄까. 그것이 바로 본질이다.

행복의 비결은 하고 싶은 일을 하는 것이 아니라 하지 않으면 안 되는 일을 하고 싶어 하는 방법을 배우는 것이다

- 죠지 5세

우리는 세상에 자신의 목숨을 바쳐서 사랑할 만한 사람이 있을 때 행복해진다. 자기 자식은 정말 목숨을 바쳐도 아깝지 않을 만큼 귀하다고 생각한다. 그렇다면 배우자는 어떨까. 주변에서 행복해 보이는 사람이 있다면 그들의 부부 사이를 관찰해보자.

사랑을 하는 사람은 행복하다.

만약 지금 당신이 행복하지 않다면 그건 사랑이 삶에서 빠져있기 때문이다. 사랑이 없으면 행복해질 수 없다. 사람도 마찬가지고, 일도 마찬가지이다. 내 삶도 마찬가지이다.

옵티미스트는 되는 것은 행복을 만들어주는 길이다. 사랑이 있을 때 행복도 존재한다.

죽을 때 당신이 저축해 놓은 돈을 가져갈 수가 없다.
그러나 다른 사람에게 나누어 줄 때는 가져갈 수가 있다.
음식은 쌓아만 놓을 때 그것을 가져갈 수 없지만
다른 사람들과 같이 나누어 먹을 때는 그렇지 않다.
다른 사람을 위해 당신의 것을 나누어 주는 것은
곧 당신 자신이 가져가는 것이다.

왜냐하면 상대방은 당신을 언제까지나 기억하게 되기
때문이다.

- 챨스 ㄴ 휴저

최근 보도에 따르면, '엄마 손이 약 손' 이라는 말의 신비가 과학
적으로 입증되었다고 한다. 〈워싱턴 포스트〉는 영국의 과학 잡지
〈네이처〉 최신호를 인용, "어머니의 따뜻한 손길이 자녀의 신경조
직을 자극해 정서적 안정과 신체발육을 촉진한다"고 보도했다.

어머니가 아이를 쓰다듬거나 연인이 서로 포옹을 하는 등의 신
체적 접촉을 하면 그러한 사랑의 감정을 뇌에 전달해 주는 신경조
직이 인체에 내재돼 있다는 것이다. 사랑은 표현해야 한다. 시간
이 날 때마다 포옹하고 안아주자.

부속품도 필요 없고, 건전지도 필요 없다. 다달이 돈 낼 필요
도 없고, 소모품 비용도 들지 않는다. 은행 금리와도 상관없
으며 세금 부담도 없다. 도둑 맞을 염려도 없고 시간이 지나
퇴색할 염려도 없다. 한 가지 사이즈에 모두가 맞으며 질리
지도 않는다. 가장 적은 에너지를 사용해 가장 감동적인 결
과를 낳는다. 긴장과 스트레스를 풀어주고 행복감을 키워준
다. 절망을 물리쳐주며 당신의 눈을 빛나게 하고 스스로 당
신 자신을 존중하게 해준다. 감기, 얼굴에 난 종기, 골절상에
도 효과가 있으며 불치병까지도 극적으로 낫게 한다. 이 약

은 특히 가슴에 난 상처에 특효약이다. 이 약은 전혀 부작용이 없으며 오히려 혈액 순환까지 바로 잡아준다. 이것이야말로 완벽한 약이다.

처방은 이것이다. 최소한 하루에 한 번씩 식후 30분이든 식전 30분이든 서로 껴안으라는 것이다.

- 헨리 매튜 워드

사람들은 누구나 사랑받고 싶어 한다. 다른 사람으로부터 사랑을 받는 것에 목숨을 거는 것이 우리의 운명이다. 어려서는 부모의 칭찬과 야단, 처벌이 우리의 행동을 결정해왔고, 어른이 되면서부터는 사회에서의 인정이 그 역할을 해왔다.

나의 행동을 좌우하는 중요한 요인이 된 '남의 호감을 사는 일'을 하려면 어떻게 해야 할까. 만약 한 가지만 해야 한다면 '사람들을 진심으로 사랑하는 일'을 하면 된다. 그 사람을 존중하고 귀 기울여주고 좋아할 수 있다면 다른 사람들의 호감을 사는 일이 얼마나 쉬운지 알 수 있을 것이다.

어떤 사람은 타고나면서부터 사람들을 좋아한다. 물론 사람들과 교제를 많이 하거나 사교적인 사람이라고 해서 모두 그런 것은 아니다. 그 중 많은 사람들은 단지 자신에 대한 믿음이 약하거나 없어서 남들과 같이 있기를 원하고 남들에게 인정 받는 것을 중요하게 생각한다. 사교적이거나 그렇지 못하거나 그런 것은 별로 중요하지 않다.

사람을 좋아하기 위해서는 상대방의 반응에 민감해지면 안 된다. 내가 그 사람을 좋아하기 시작했다면 그 사람도 결국은 나를 좋아하지 않고는 견딜 수 없을 것이다. 그것이 사랑의 법칙이다.

사람들은 비이성적이고, 비논리적이고, 자기중심적이다.

그래도 사랑하라.

당신이 선을 행하면 사람들은 이기적인 동기에서 그렇게

한다고 비난할 것이다.

그래도 선을 행하라.

당신이 성공을 하면 거짓 친구들과 대적들이 다가올 것이다.

그래도 성공을 하라.

당신이 오늘 행한 선은 내일이면 잊혀질 것이다.

그래도 선을 행하라.

정직하고 솔직하면 당신은 쉽게 공격을 받을 것이다.

그래도 정직하고 솔직하라.

위대한 이상을 품은 사람이 비열한 마음을 가진 사람에게

공격받아 쓰러질 수 있다.

그래도 위대한 이상을 품으라.

사람들은 약자를 동정하면서도 강자만을 따른다.

그래도 약자를 위해 싸우라.

당신이 오랜 세월 동안 애써 세운 것이 하룻밤에 무너질

수도 있다. 그래도 세우라.

당신이 가진 최선의 것을 세상에게 주었어도 배신당할

수 있다.

그래도 세상을 향해 당신이 가진 최선의 것을 주어라.

자신이 사랑으로 충만해서 가득 차게 되면 이 가득 찬 것이 흘러넘쳐 주변 사람을 적시게 된다. 이것이 바로 옵티미스트의 궁극적인 목표이다.

이런 충만을 늘리는 방법은 생각보다 간단하다. 많이 줄수록 더 많이 받는다. 자꾸 움켜쥐는 사람에게는 이상한 논리라고 할 수 있다. 자신이 사랑으로 충만해서 가득 차게 되면 이 가득 찬 것이 흘러넘쳐 주변 사람을 적시게 된다.

> 만조(滿潮)에는 모든 배가 떠오른다.
>
> — 존 F. 케네디

이러한 충만함을 실제로 삶에 적용하는 몇 가지 방법이 있다.

첫 번째는 관대함이다. 돈을 포함해서 모든 것이 여유있게 흘러갈 수 있게 해준다. 우리는 더 큰 여유를 가질 수 있어야 한다. 항상 나보다 어려운 사람이 있을 수 있다는 마음으로 자선이나 기부 등에 힘써야 한다. 당신이 그렇게 힘쓴 것이 세상을 더욱 살 만한 곳으로 만든다는 믿음을 갖자. 내가 너무 행복해서 다른 사람의 행복을 바란다는 마음으로 매사에 관대해지자.

두 번째는 봉사다. 우리 사회에는 어려움을 겪고 있는 사람들이 너무도 많다. 내가 그중의 몇 명이라도 도와야 한다는 의무감을 가져보자. 그렇다고 어쩌다 한 번 가는 봉사로 만족하고 거드름 피우기보다는 '그 사람은 내가 살려주리라, 내가 살 길을 마련해 주리라' 하는 마음을 가지고 덤벼들어 보자. 돈이든, 시간이든, 노력이든, 기도이든 내가 가진 무언가로 남을 도울 수 있다는 것이 얼마나 큰 기쁨인지 알 수 있을 것이다.

세 번째는 선행이다. 좋은 일을 했다는 것은 모든 사람을 기분 좋게 만든다. 그러나 선행은 넘쳐서 흘러나오는 느낌으로 해야 한다. 만약에 착취당하는 느낌이 들고, 소진당하는 느낌이 들고, 의무감과 죄책감에 시달린다면 이미 그것은 선행이 아니다.
무언가 주고 싶다는 마음이 드는 것이 우선이라는 것을 잊지 말자. 주는 것이 무엇인지는 중요하지 않다. 사랑하는 마음으로 가득 찬 선행만이 진정한 선행이다.

옵티미스트는 사람이 가진 긍정적인 속성을 개발해낸 사람이다. 사람에게서 가장 긍정적인 마음은 사랑이다. 사람이 모두 다르다는 것을 인정할 수 있어야 한다. 겉으로 보이는 모습만으로 누군가를 미워하거나 답답해 하고, 용서하지 못하고, 저주하고, 싫어하고, 무시해서는 행복해질 수 없다. 사람, 그 자체를 존중하고 사랑할 수 있다면 사랑이 가득한 세상을 만들 수 있다.

사랑이 넘치고 옵티미스트가 가득한 세상이 올 때, 우리나라는 물론 세상 전체가 더 행복한 곳으로 바뀔 수 있을 것이다.

결국 옵티미스트가 된다는 것은 사람의 본질을 회복해 좋은 사람이 된다는 것을 의미한다. 사람이 악하고 어리석은 행동을 하더라도 그것은 본질과 관련 없는 만들어진 것들에 의한 것이다. 자신의 본질을 회복하고 본질의 가치를 알게 되면 그동안 왜곡되어 있던 자신의 감정이나 말, 행동이나 습관에 의해 지배받지 않게 된다.

10장 | 최종목적

내가 가야 할 길

옵티미스트를 만들어 나가는 '옵티마 9 프로그램'의 최종 목적은 바로 '본질 회복'이다.

과연 사람의 본질은 무엇일까. 우리는 다른 사람의 무엇을 보고 그를 알고 있다고 말하는 것일까. 가장 친하다고 생각하는 사람을 떠올려보자. 그의 어떤 면이 그를 알 수 있다고 말하게 해주는지 생각해보자.

다음 페이지 그림의 가장 위 부분의 삐죽삐죽 나온 것을 보고 우리는 그 사람이 어떤 사람인지 알게 된다. 주로 그 사람이 하는 '말', '행동', '습관', '태도'와 같은 것을 보고 그 사람이 좋은 사람인지, 나쁜 사람인지, 친절한 사람인지, 적인지, 동지인지, 아무것도 아닌 사람인지를 판단한다. 하지만 그것은 정말 그 사람 자체가 아닐 수도 있다.

속으로는 싫어하면서 말로는 얼마든지 좋다고 할 수도 있다.

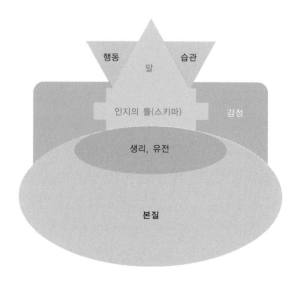

본질

행동 | 말 | 습관
인지의 틀(스키마) | 감정
생리, 유전

어떤 행동을 하기 싫으면서도 그런 행동을 반복하는 사람은 얼마든지 있다. 흡연이라는 습관을 버리고 싶지만 끊지 못하는 사람이 세상에 얼마나 많은지 모른다.

그러한 겉으로 들어나는 것들에서 조금 더 깊이 들어가야 '감정'이라는 것이 나온다. 단순한 직장 동료에게 눈물을 흘리고 속내를 드러낼 사람은 많지 않다. 조금 친해지고 나서 이런저런 이야기도 나누고 해야 비로소 그 사람의 감정을 알아볼 수 있게 된다.

그러나 그것도 아직 그 사람의 진짜는 아니다. 실제와는 다른데 슬퍼지거나 우울해지고, 불안해지는 일은 얼마든지 있을 수 있다. 짙은 감정의 포로가 되어 질풍노도와 같이 사는 사람도 알고 보면 진심은 표현되는 감정과는 다른 경우가 있다. 나는 내가 치료하는 많은 환자분들에게 흔히 "당신 자신이 아름답게 빛나는 파란 별 지구라면, 감정은 지구 주변을 둘러싸고 있는 구름에 지나지 않는다"라는 비유를 자주 한다. 비바람과 먹구름이 몰아쳐도 사실은 한 때 지나가는 것일 뿐이기에 그 감정의 노예만 되지 않는다면 그저 나를 둘러싼 구름에 지나지 않는다.

감정 속에는 '인지의 틀' 이라는 고갱이가 있다. 이 고갱이가 감정을 만들어내는 경우가 많다. '나는 못났어, 나는 한심해' 라는 생각을 가지고 있는 사람은 어떤 사람이 지나가다가 씩 웃는 모습만 봐도 '저 사람은 나를 무시하는구나' 라는 생각을 한다. 다른 사람이 나를 무시하니까 우울해진다. 우울이라는 감정이 인지의 고갱이에 의해서 촉발되었기 때문이다.

'나는 너무 훌륭해, 최고야' 라는 공주병 혹은 왕자병의 고갱이를 가지고 있는 사람은 다른 사람이 웃으면 '아, 저 사람도 나에게 넘어갔군' 하고 생각하면서 흐뭇해 한다. 흐뭇한 기분이 인지의 고갱이에 의해서 촉발된 것이다.

하지만 이런 인지의 틀이 그 사람의 본질은 아니다. 이 모든 틀은 어려서부터 지금까지 살면서 만들어진 것에 지나지 않는다. 나의 경험, 생각, 반응 등의 모든 것들이 쌓이고 쌓여서 오늘의 틀을 만든 것이다. 그 틀은 붕어빵의 틀처럼 작용해서 부정적인 틀을 가진 사람은 어떤 재료가 들어와도 부정적인 반응으로 나오고, 긍정적인 틀을 가진 사람은 긍정적인 반응으로 나오게 된다.

이 인지의 틀이 뿌리를 둔 곳에 '생리, 유전, 생물' 이라는 덩어리가 있다. 많은 것이 생물학적으로 결정된다. 수줍음이 많고 위험한 곳을 피하려 하는 내성적인 아이들이 있다. 대개 그런 아이들은 어른이 되어서도 내성적이고 정서적인 면에서 어려움을 겪는 경우가 많다.

그러면 이런 생리, 유전, 생물이라고 하는 것이 나의 본질일까. 그렇지는 않다. 술이나 마약을 하면 이것이 변화되기 때문에 평상시와는 다른 모습을 보일 수 있다.

하지만 지금까지 말했던 것도 모두 다 본질이라고 말할 수 있는 어떤 것은 아니다. 말을 험하게 하는 사람이 있고, 행동이 험한 사람도 있고, 습관이 이상한 사람도 있고, 감정에 치우친 사람, 감정이 메마른 사람, 사고방식이 잘못된 사람, 생물학적으로 문제가 있는 사람, 유전적으로 어려움이 있는 사람도 있다.

그럼에도 불구하고 이 세상에 존재하는 인간이라면 정말 본질이라고 할 수 있는 무언가를 가지고 있다는 것이다!

실체를 알기는 어렵지만 어디엔가 존재하는 무엇인가를 본질이라고 부르자. 본질은 분명히 존재한다. 위에 있는 그 모든 것들이 잘못되었어도 사람이 귀한 것은 바로 이 본질이 귀하기 때문이다.

지진이 일어나 건물이 무너져 사람이 깔려 죽게 되었다. 그 사람이 말을 싸가지 없게 한다고, 행동이 남세스럽다고, 기벽을 가졌다고, 감정 변화가 죽 끓듯 한다고, 부정적인 사고를 가졌다고, 유전적인 결함이 있다고 해서 꺼내 주지 않는다면 그것은 어불성

설이다. 다시 말해 앞서 말한 모든 것이 그 사람의 근본적인 가치를 결정하는 요인은 아니라는 것이다.

물론 말을 잘하고, 행동도 조신하고, 좋은 버릇을 가졌고, 감정에 치우치지 않고, 생물학적으로도 건강한 사람이 세상을 살아가는 데는 더 유리할 수도 있다. 그러나 이런 사람이 그렇지 못한 사람보다 더 귀하다고는 할 수 없다.

사람의 가치는 어떠한 말, 행동, 습관, 감정, 사고, 유전에 의해 결정되는 것이 아니라 그 속에 있는 진정한 본질로 결정되기 때문이다.

이 본질은 참으로 많은 말로 불리고 있다. 본질은 엄청난 파워를 가지고 있다. 크리스천들은 '하나님'으로 이해하면 가장 좋을 것이다. 하나님의 성품이 우리 모두에게 있는데 원죄로 인해 이 파워가 가려진 것이다. 유명한 리더십의 대가 스티븐 코비는 '원칙'이라는 말로 표현했다. 도, 성정, 영, 영혼, 신, 영성 등 무엇이라고 불러도 좋다. 바로 이 본질이 나의 진짜 모습이고, 이것만이 진짜 나라는 것만 잊지 말자.

우리가 산다는 것은 바로 이 본질을 찾아 헤매는 인생의 여정 길이라고 생각해도 좋을 것이다. 이러한 본질의 파워를 중심으로 살아갈 때 비로소 제대로 살 수 있게 되는 것이다. 본질을 덮고 있는 어떠한 것이 사람을 악하게 만드는 것일 뿐 사람의 진짜 본질은 너무도 귀한 것이다. 세상을 살면서 대단한 일을 한 사람들을 보면 바로 이 본질의 파워로 일을 해낸 것이다. 이것을 '굿 파워' 라 부르기로 하자.

내 안에 이렇게 엄청난 힘을 가진 선한 본질, 굿 파워가 있다는 것을 알게 되면 진정한 자신을 알게 되고, 받아들이게 되고, 이해 하게 되고, 평안을 느끼게 되고, 행복으로의 발걸음을 디딜 수 있 게 된다.

옵티미스트가 되는 궁극적인 목적은 본질을 발견하는 것이므 로 굿 파워를 발견한 사람은 행복할 수밖에 없다. 이렇게 자신의 본질을 회복한 사람은 자신의 가치를 알 수 있게 된다.

가치를 알고 나면 자신이 얼마나 소중한지 알 수 있다. 아울러 다른 사람의 장점도 보이기 시작하고, 다른 사람의 가치도 알게 된다. 사람이 얼마나 귀한지 알게 되고, 다른 사람의 본질과 자신 의 본질 사이에 통하는 것을 찾아내게 된다.

이러한 일련의 과정들이 본질을 회복해가는 과정이라고 할 수 있다. 이 과정을 거쳐서 소위 '단점 찾기 전문가'에서 '장점 찾기 전문가'로 변화하는 것이다.

우리는 너무 자주 우리의 삶이 다른 사람들의 삶과 단단히 엮여 있다는 감사한 사실을 잊어버린다. 만일 우리 자신이 다른 사람과 연결되어 있음을 기억한다면 외롭다거나 소외된 듯한 느낌은 없었을 것이다. 또한 모든 사람이나 상황이나

경험이 나름대로 가치와 의미를 가지고 있다는 사실을 생각
할 때 우리는 경이로움을 느낄 수 있다.

- 스탕달

옵티미스트는 사람을 보면 사랑할 수밖에 없다. 옵티미스트와 같
이 있는 것은 즐거운 일이다. 같이 있고 싶고, 주고 싶은 사람이 있
을 때 행복해진다. 이런 사람을 우리는 '좋은 사람'이라고 부른다.

세상을 살면서 좋은 사람을 만나는 것은 아주 큰 복이다. 좋은
사람하고 지낼 수 있는 것만으로도 세상 사는 맛이 나는 경우가 많
다. 이런 좋은 사람 몇 명만 알고 있어도 삶은 얼마나 풍족해질까.

좋은 사람을 만나는 것은 확실히 복이다. 하지만 내가 좋은
사람이 되는 것은 그것과 비교할 수 없을 만큼 더 큰 복이다. 어
떻게 하면 좋은 사람을 만날 수 있을까 하는 것에 목숨 걸지 말
자. 좋은 친구를 사귀기보다는 내가 좋은 친구가 되는 것이 더
좋은 일이다.

좋은 사람이 되는 것은 자신의 말로, 행동으로, 습관으로, 감정
으로, 생각으로, 기질만으로는 어려운 일이다. 우리 안에 있는 거
대한 힘, 자신의 본질, 모든 것을 이룰 수 있는 진짜 모습인 '굿 파
워'를 찾아야만 가능한 것이다. 이것을 찾아내면 무엇이든지 할
수 있게 된다.

행복해진다는 것

인생에 주어진 의미는

다른 아무것도 없다네

그저 행복하라는 한 가지 의무뿐

우리는 행복하기 위해 세상에 왔지

그런데도

그 온갖 도덕

온갖 계명을 갖고서도

사람들은 그다지 행복하지 못 하다네

그것은 사람들 스스로 행복을 만들지 않는 까닭

인간은 선을 행하는 한

누구나 행복에 이르지

스스로 행복하고

마음속에서 조화를 찾는 한

사랑은 유일한 가르침

세상이 우리에게 물려준 단 하나의 교훈이지

예수도

부처도

공자도 그렇게 가르쳤다네

모든 인간에게 세상에서 한 가지 중요한 것은

그의 가장 깊은 곳

그의 영혼

그의 사랑하는 능력이라네

보리죽을 떠먹든 맛있는 빵을 먹든

누더기를 걸치든 보석을 휘감든

사랑하는 능력이 살아 있는 한

세상은 순수한 영혼의 화음을 울렸고

언제나 좋은 세상

옳은 세상이었다네

- 헤르만 헤세

결국 옵티미스트가 된다는 것은 사람의 본질을 회복해 좋은 사람이 된다는 것을 의미한다. 사람이 악하고 어리석은 행동을 하더라도 그것은 본질과 관련 없는 만들어진 것들에 의한 것이다. 자신의 본질을 회복하고 본질의 가치를 알게 되면 그동안 왜곡되어 있던 자신의 감정이나 말, 행동이나 습관에 의해 지배받지 않게 된다. 자신의 본질과 원칙에 의해 행동이 지배받는다. 원칙이 삶을 지배하는 네비게이터가 되면 진정으로 좋은 사람이 된다.

여기까지 해온 여러분 축하드립니다. 오늘은 당신이 당신의 남은 인생을 시작하는 첫 날입니다.

나는 나름대로 열심히 살아왔다. 하지만 뼈 빠지게 앞만 보고 달려온 지금 왠지 허망한 기분이 든다. 이것저것 재미있는 것도 많이 해봤지만 진짜 의미 있는 것을 찾지는 못했다. 동료들과 어울려도 봤지만 그때뿐이었다. 아이와 오랜만에 이야기를 좀 해보려 해도 자기 방으로 쏙 들어가버리거나, 아예 할 말이 없다고 피해버린다. 이제는 아내하고도 별로 할 얘기가 없고 재미도 없다.

인생은 그냥 그랬다.

여전히 피곤하고, 지치고, 재미없고, 힘들었다.

그러나 옵티마 프로그램은 확실하게 다른 시각을 심어주었다. 세상을 보는 법, 사람을 보는 법, 매사를 보는 법이 달라지기 시작했다. 옵티미스틱한 시각이 열리기 시작한 것이다. 사람을 보아도 귀하게 보이기 시작했고, 내 자신의 본질이 무엇인지 찾아봐야 할 것 같은 생각이 들기 시작했다.

이 순간이 귀하게 느껴지고 매 순간순간을 마음껏 즐길 수 있을 것 같다. 마음에 사랑과 평화가 넘치는 것 같다.

《꾸뻬씨의 행복 여행》에 나오는 행복을 찾는 방법인,

'춤추라, 아무도 바라보고 있지 않은 것처럼

사랑하라, 한 번도 상처받지 않은 것처럼

노래하라, 아무도 듣고 있지 않은 것처럼

살라, 오늘이 마지막 날인 것처럼'
이라는 말이 무슨 의미인지 진실로 마음에 와 닿기 시작했다.

나는 변하기 시작했다.
아니 최소한 옵티미스트가 되기로 선택했다.

그리고
행복해지기 시작했다.

에필로그
Epilogue

고전 〈파랑새〉 이야기를 떠올려 본다.

지독한 가난으로 우울한 크리스마스 전날 밤. 나무꾼의 아이들인 치르치르와 미치르는 요술쟁이 할머니로부터 "병든 딸의 행복을 위해 파랑새를 찾아 달라"는 부탁을 받는다. 아이들은 요정들과 함께 파랑새를 찾아 긴 여행을 떠난다. 그들은 추억의 나라, 밤의 궁전, 행복의 궁전, 미래의 나라 등을 차례로 방문하며 온갖 모험을 하지만 끝내 파랑새를 찾지 못하고 실망한 채 집으로 돌아온다. 하지만 그토록 찾아 헤매던 파랑새는 자신들의 집 안에 있었다.

마테를링크의 대표작 〈파랑새〉는 행복은 멀리 있는 것이 아니라 바로 우리 곁에 있다는 사실을 아름다운 문장으로 알려주는 작품이다. 그러나 한번 뒤집어서 보자. 만약 두 아이가 파랑새를 찾아 떠나지 않았다면 어떻게 됐을까. 세상의 온갖 모험을 겪지 않고 처음부터 포기하고 집에만 있었다면 그래도 그들은 파랑새를 찾을 수 있었을까?

그들이 파랑새를 찾을 수 있었던 이유는 찾고자 하는 노력이 있었기 때문이다. 처음부터 찾으려는 노력조차 하지 않았다면 희망과 행복이라는 이름의 파랑새를 찾을 수는 없었을 것이다. 따라서 파랑새를 찾기 위해 노력해야 한다. 그러나 너무 늦기 전에 돌아와야 한다는 것도 잊지 말아야 한다.

우리 삶도 마찬가지다. 희망과 행복이란 파랑새를 찾기 위해 너무 많은 인생의 가치를 놓치고, 너무 멀리 가버린 것이 아닌지 뒤돌아 봐야 한다. 물론 이런 저런 모험과 경험을 하는 것은 중요하다. 그러나 행복은 분명히 멀리 있는 것이 아니다.

모든 행복은 내가 나 자신의 가치와 본질을 찾기 시작했을 때 찾아온다. 과거의 패배와 시름과 역경에 젖어있는 사람이라면 자신의 생각을 바꿔보자. 그러면 인생이 바뀔 것이다. 눈을 가리고 있던 장막을 과감히 걷어버리자.

자, 그럼 이제 장막을 걷어라! 떠나보자. 행복의 나라로 가자!

'옵티마 9 프로그램 (www.optimist.or.kr)'을 만들기 전까지 나는 평범한 사람 중 하나일 뿐이었다. 성공하고 싶어 하고, 유명해지고 싶어 하고, 돈을 많이 벌고 싶어 하면서 그저 하루하루 바쁘게 살아가던 지극히 평범한 대학병원의 의사였다. 남의 말 한 마디에 상처를 받고, 남에게 칭찬받고, 남에게 욕 먹지 않으려 애쓰며 살아왔다.

그러다가 인지행동치료를 공부하고, 직장 스트레스 관련 일과 워크숍에 참여하고, 강연과 스트레스 관리 방법에 대해서 고민하다가 가장 효과적인 방법은 결국 자신의 본질을 회복하고 가치를 발견해 스스로 삶의 기쁨을 누리면서 살 수 있도록 해주는 것이라는 것을 깨우치게 되었다.

기존의 낙관성 훈련, 긍정적 사고 훈련에서 미흡했던 것들을 보완하면서 단순한 긍정주의자, 낙관주의자 대신에 옵티미스트가 되는 방법을 체계적으로 만들어 보기로 했다.

인지치료의 근간이 된 '생각의 방식', '생각의 틀', 정신요법의 방법을 이용한 '감정 문제의 해결', '상처 치유', 행동기법을 이용한 '시간 관리', '말 관리', 영적 치유에서 도입한 '섬김', '사랑', '가치 발견' 등의 내용을 총체적이지만 개인별로 적용할 수 있는 기법을 개발하여 합친 것이 '옵티마 9 프로그램' 이다. 수많은 리더십 계발 프로그램, 코칭 프로그램에 참여하면서 장점이라고 할 수 있는 것들을 모아 하나로 녹여보았다.

실제 사업장, 학교, 교회 등지에서 옵티마 9 프로그램을 적용해 보았다. 많은 사람들이 삶의 본질과 가치에 대해서 집중하는 옵티미스트로 나아가는 것이 그동안 삶의 문제를 해결하는 데 직접적인 방법이 된다는 것을 확인하였다. 또 여러 사람들의 피드백을 받으면서 이 길이야말로 나와 남에게 '선한 영향력' 을 미칠 수 있는 지름길이라는 것을 확신할 수 있었다.

이렇게 나 자신도 옵티미스트로서 발전해가면서 일상에서 느끼는 아름다움에 가슴 벅찬 순간이 많아졌다. 거리에서 얼굴을 스치는 바람을 느끼면서 기분이 좋아지고, 잿빛 도심 뒤로 사라지는 아름다운 일몰을 보며 자연의 경건함을 발견하기도 한다. 살아 있는 모든 것에 감사하며 내일은 또 다른 새로운 내일이 다가온다는 믿음으로 하루를 마감할 수 있게 되었다.

새벽에 일어나서 오늘 하루 완전한 새로운 날을 가슴 벅차게 살 수 있다는 것에 감격하면서 옵티미스트로 사는 것, 본질을 찾아간다는 것이 얼마나 기쁨과 행복에 넘치는 일인지를 깨닫게 되었다.

온 국민이 '옵티미스트'가 되는 날까지 '옵티미스트 전도사'가 되고 싶다. 이 프로그램을 마친 모든 사람이 삶의 본질과 원칙을 발견하고 자신에게 가장 맞는 행복한 삶을 살 수 있기를 소망한다. 이 책은 그 첫 걸음일 뿐이다. 대한민국 국민 모두, 아니 전 세계의 모두가 옵티미스트 시민권을 획득하여 이 세상이 행복과 기쁨으로 가득 차기를 소망한다.

그러나 무엇보다 먼저 내 자신이 옵티미스트로 세상을 살아갈 수 있기를 소망한다.

그런 소망을 품을 수 있도록 비전과 미션을 보여주신 하나님과 세상을 사는 동안 가장 귀한 신물로 주신 아내와 아이들과 함께 할 수 있어서 감사하며 행복을 느낀다. 바로 지금 이 순간.

옵티미스트

초판 1쇄 2006년 9월 22일
11쇄 2016년 10월 25일

지은이 채정호
펴낸이 전호림 **편집3팀장** 고원상 **펴낸곳** 매경출판㈜
등 록 2003년 4월 24일(No. 2 - 3759)
주 소 우)04557 서울시 중구 충무로 2(필동1가) 매일경제 별관 2층 매경출판㈜
홈페이지 www.mkbook.co.kr
전 화 02)2000 - 2610(기획편집) 02)2000 - 2636(마케팅) 02)2000 - 2606(구입 문의)
팩 스 02)2000 - 2609 **이메일** publish@mk.co.kr
인쇄 · 제본 ㈜M - print 031)8071 - 0961

ISBN 89 - 7442 - 413 - 4
값 10,000원